UMBERTO MENDOLA

KRIMINELLER „STATUS“

KRIMINALANALYSE COVID-19-MANAGEMENT

Wissenschaftlicher Beitrag: Dr. Gabriele Segalla
Beitrag Statistik und Grafik: Ing. Giovanni Trambusti
Juristischer Beitrag: RAin Antonietta Veneziano

Originaltitel: „Status" Criminale, erschienen in Italien, 2023

Es ist nicht einfach, analytische und tiefgründige Gedanken zu einem Thema, das gravierende Auswirkungen auf die gegenwärtige und vor allem zukünftige Zivilgesellschaft hat, einer eigensinnigen Öffentlichkeit zu vermitteln.

Für die Ehre der Wahrheit und der Gerechtigkeit

HINWEIS FÜR DEN LESER

Wir haben kürzlich dieses Buch auf Italienisch veröffentlicht, das sich mit einer kriminologischen Analyse des Umgangs mit der Covid-19-Pandemie befasst. Es bezieht sich auf die bekannten Ereignisse, die sich in den letzten vier Jahren nicht nur in Italien, sondern auch in vielen anderen Ländern weltweit ereignet haben. Diese Ausgabe in Englisch, Französisch, Deutsch und Spanisch wurde erstellt, um eine Reihe von Daten zu verbreiten, die durch offizielle Informationskanäle verfälscht wurden. Obwohl ein großer Teil des Buches Italien gewidmet ist, können die Entscheidungen der italienischen Regierung, die härter und aggressiver sind als die in anderen „westlichen" Ländern, als Grundlage für die Bekämpfung künftiger Zwänge dienen, denen sich wehrlose Völker unterwerfen müssen.

Es gibt ein wachsendes Bewusstsein, und obwohl es immer noch eine Minderheit ist, hat dieses Buch das Gewissen vieler Menschen erschüttert und ist nun nicht mehr aufzuhalten. Wir alle leben in der Hoffnung, dass die starken Mächte nicht erneut versuchen werden, den Menschen vieler Nationen ihre unveräußerlichen Freiheiten zu entziehen und den Geist zu unterwerfen. Wir hoffen, dass dieses Buch ein wertvolles Werkzeug zur Erkenntnis sein kann. Wir sind alle davon überzeugt, dass das System, das uns unterjocht hat, nun in kurzer Zeit implodieren wird und wir so ein besseres soziales Gewissen erreichen können.

KRIMINELLE DYNAMIK

Es war das Jahr 2019, das hektische Leben in Italien verfolgte die wenig erbaulichen Nachrichten der verschiedenen Nachrichtensendungen. Zwischen den traurigen Nachrichten und den desaströsen Nachrichten über unsere Wirtschaftspolitik begannen Nachrichten ihren Weg zu finden, von denen sich niemand vorstellen konnte, dass sie unser Leben und die ganze Welt verändern würden. In den Nachrichten war Platz für die Nachricht über ein neues Virus, das sich in China ausbreitete, und dass es damals so aussah, als müssten sich westliche Länder keine Sorgen machen.

Nach und nach folgten jedoch immer häufiger Nachrichten über das mysteriöse Virus und gelangten vollständig in alle Nachrichtenmeldungen. Mehrere Monate lang berichteten die Nachrichten weiterhin darüber, dass die Ursache für die Ausbreitung des Virus auf die chinesischen Märkte und deren mangelnde Hygiene sowie auf einige Experimente mit Fledermäusen zurückzuführen sei.

Die italienische Politik erklärte zunächst offen, dass es keinen Grund zur Beunruhigung gebe, da es sich um ein einfaches Grippevirus handele. Doch innerhalb weniger Tage änderten dieselben Politiker, die ihrerseits öffentlich erklärt hatten, dass keine Gefahr für die öffentliche Gesundheit bestehe, plötzlich ihre Geschichte und äußerten offen alarmierende Aussagen.

Kurz darauf begannen alle Nachrichten mit eindringlichen Meldungen über das Virus, auf allen Kanälen.

Aber gehen wir der Reihe nach vor. Die chinesischen Behörden meldeten der WHO das Auftreten mehrerer Fälle einer mysteriösen Lungenentzündung zum 31. Dezember 2019. Das Epizentrum befand sich in Wuhan, einer chinesischen Stadt mit 11 Millionen Einwohnern in Hubei.

Januar 2020: Es ist der Monat, in dem sich die Ereignisse überschlagen, in den Nachrichten heißt es, das Virus werde von Mensch zu Mensch übertragen, und Wuhan wird abgeriegelt. In Italien verbreitet sich die Nachricht, dass zwei chinesische Touristen positiv auf das Virus getestet wurden!

7. Januar 2020: Chinesische Behörden identifizieren das Virus als „2019-nCoV", ein Mitglied der Coronavirus-Familie wie SARS und die Erkältung.

23. Januar 2020: Auch andere chinesische Regionen gehen in den Lockdown und die Pflicht zum Rausgehen und zum Tragen einer Maske wird ausgelöst. Auch alle für das chinesische Neujahr geplanten Feierlichkeiten sind abgesagt. Auch Italien setzt alle Flüge nach China aus, wer nach China möchte, kann dies jedoch über einen Zwischenstopp in anderen Ländern tun.

31. Januar 2020: Premierminister Giuseppe Conte bestätigt die ersten beiden in Italien festgestellten Ansteckungsfälle. Der Premierminister ruft den nationalen Gesundheitsnotstand aus und stellt fest, dass „Wahrheit das stärkste Gegenmittel und Transparenz der erste Impfstoff ist, den wir uns selbst verabreichen müssen". Wir werden später sehen, dass das, was erklärt wurde, nur die erste der zahlreichen Falschmeldungen war, die verbreitet wurden, um die nachfolgenden Beschränkungen und Verpflichtungen für die selbsternannten „Impfstoffe" zu rechtfertigen.

Februar 2020: Den alarmierenden Nachrichten zufolge kommt das Virus in Italien an und verbreitet sich wie ein Lauffeuer. Das Wuhan-Krankenhaus wurde in nur 10 Tagen gebaut, der erste Fall in Codogno und in Mailand verbietet man die berühmten Aperitifs an den Kanälen.

2. Februar 2020: 1.000 Betten auf einer Fläche von 25.000 Quadratmetern in Wuhan, China. Das Krankenhaus, das in Rekordzeit gebaut wurde, um den Bettenmangel auf der Intensivstation zu beheben, wird eingeweiht. Die Bilder gehen um die Welt.

7. Februar 2020: Auf mysteriöse Weise stirbt Li Weliang, der chinesische Arzt, der als erster versuchte, Alarm über das Vorhandensein eines neuen Coronavirus-Stammes zu schlagen, der von der chinesischen Regierung selbst unter dem Vorwurf der Verbreitung falscher Nachrichten zum Schweigen gebracht worden war.

11. Februar 2020: Die WHO gibt bekannt, dass sie den Namen des neuen Virus geändert hat, nicht mehr „2019-nCoV", sondern „SARS-CoV-2". Die verursachte Krankheit erhält erstmals auch eine offizielle Bezeichnung: „CoViD-19". Alle wichtigen Kongresse, Messen und Ausstellungen der Welt sind abgesagt, was bis dahin noch nie stattgefunden hat.

21. Februar 2020: Ein Mann aus Codogno wurde positiv auf das Coronavirus getestet, Experten erklären ihn zum Patienten 1. Innerhalb weniger Stunden werden vierzehn weitere positive Probanden registriert. Das erste mutmaßliche Opfer in Italien ist der 78-jährige A. Trevisan: Der Mann starb auf der Intensivstation des Krankenhauses Schiavona in Padua.

23. Februar 2020: Farbregionen nach Zone starten durch. In 11 Gemeinden zwischen der Lombardei und Venetien, darunter Codogno und Vò Euganeo, wurde ein Zutritts- und Entfernungsverbot sowie die Aussetzung von Demonstrationen und Veranstaltungen jeglicher Art, sowohl öffentlich als auch privat, verhängt.

27. Februar 2020: Nicola Zingaretti, Sekretär der Demokratischen Partei, nimmt an einem Aperitif mit den jungen Demokraten teil ... die Botschaft lautet: Keine Panik.

28. Februar 2020: US-Präsident Donald Trump gibt öffentlich bekannt, dass das Virus ein Schwindel der Demokraten ist und vergleicht es mit einer banalen Grippe.

März 2020: Die Situation spitzt sich zu, die Infektionsfälle nehmen zu und auch potenzielle Todesfälle. Die Regierung schließt die Lombardei und dann das ganze Land ab. Die Medien verbreiteten erschreckende Videos wie die berühmten Militärlastwagen, die Särge durch die Straßen von Bergamo transportieren. Erst im November 2022 wird bekannt sein, dass dieses Filmmaterial eine großartige Montage war. Ganz Italien wird abgeriegelt, und der Papst betet allein im Petersdom.

4. März 2020: Der Schulbetrieb in Italien wird ausgesetzt, wodurch die bereits seit dem 22. Februar in anderen Regionen geltenden restriktiven Maßnahmen auf das ganze Land ausgeweitet werden.

7. März 2020: Die Lombardei wird zur roten Zone. Die Zahl der Todesfälle nimmt zu und in der Provinz Bergamo beginnt sich der Ausnahmezustand auszubreiten. Was wie eine Indiskretion schien, beginnt sich zu verbreiten und ein großer Exodus in Richtung Süden folgte, wo es bis zu diesem Zeitpunkt keine bestätigten Fälle gab.

9. März 2020: Die Regierung weitet die Eindämmungsmaßnahmen auf ganz Italien aus, das sich bereits im Lockdown befindet, und ist damit der erste westliche Staat, der derart strenge und restriktive Maßnahmen ergreift.

11. März 2020: Die Beschränkungen beginnen, schwere Auswirkungen auf die Wirtschaft und die Finanzmärkte zu haben. Der FTSE Mib schloss den Handel mit einem Rückgang von 16,92 % und verzeichnete damit die schlechteste Sitzung seiner Geschichte.
Zwei Tage später wird die Wall Street den schlimmsten täglichen Rückgang seit 1987 verzeichnen, nämlich -12 %.

17. März 2020: Die erste wirtschaftliche Unterstützungsmaßnahme für das Land wird nach dem Gesundheitsnotstand eingeleitet. Das Dekret sieht eine Reihe von Maßnahmen vor, Kündigungen aus wichtigem Grund sind verboten, Entlassungen werden für Unternehmen verlängert, Firmenmitarbeiter können Elternzeit beantragen. Für den Monat März wird eine lächerliche Summe von 600 Euro und für den Monat April 800 Euro gezahlt, allerdings nur an Umsatzsteuer-Identifikationsnummern, die nach dem Lockdown einen Rückgang verzeichnen. In einigen Fällen wurde die Aussetzung der Zahlung der Hypothekenzahlungen gewährt.

18. März 2020: Die Medien bringen erneut das erschreckende Video einer Kolonne von Militärfahrzeugen zum Ausdruck, die die Särge zahlreicher mutmaßlicher Opfer des Virus transportieren.

22. März 2020: Die restriktiven Maßnahmen werden mit einem neuen DPCM (Dekret des Präsidenten des Ministerrats) strenger; Palazzo Chigi stellt die meisten produktiven Aktivitäten ein und verbietet allen Bürgern, sich von einer Gemeinde in eine andere zu begeben. Sämtliche Sportarten sind verboten und Parks sind geschlossen.

28. März 2020: Die Vereinigten Staaten werden das Land mit der höchsten Anzahl registrierter Infektionen und überholen Italien.

5. April 2020: Zum ersten Mal ist in Italien ein Rückgang der Zahl der Patienten auf der Intensivstation zu verzeichnen; 79 von 3.994.

7. April 2020: Die Regierung ergreift weitere wirtschaftliche Interventionen, darunter die bekannteste als Liquiditätsdekret. Dabei handelt es sich um eine Kreditform für Unternehmen mit einer Staatsgarantie von bis zu 25.000 Euro.

8. April 2020: Nach 76 Tagen endet der Lockdown in Wuhan, dem Epizentrum des Ausbruchs der Pandemie in China. Der Chef des Zivilschutzes, Angelo Borrelli, kündigt an, dass die berühmten 18-Uhr-Pressekonferenzen, denen Millionen Italiener folgen, nicht mehr täglich, sondern zweimal pro Woche stattfinden werden. Es ist das erste Anzeichen einer langsamen Rückkehr zur „Normalität".

20. April 2020: Die Regimenachrichten verbreiten zum ersten Mal die Nachricht, dass die Zahl der Viruspositiven zurückgegangen sei und zwar 20 weniger als zum Vortag. Und das alles ohne Angabe der Zahlen der Stichprobe vom Vortag!

26. April 2020: Premierminister Giuseppe Conte kündigt mit einem DPCM neue Maßnahmen zur Eindämmung des CoViD-19-Notstands in der sogenannten „Phase zwei" an, die ab dem 4. Mai in Kraft treten und eine schrittweise Rückkehr an den Arbeitsplatz vorsehen für etwa 4 Millionen Italiener und ermöglichen Besuche bei Familienmitgliedern in derselben Region.

3. Mai 2020: US-Außenminister Mike Pompeo wirft China in einem Fernsehinterview vor, das Virus in einem Labor hergestellt zu haben. In den internationalen Beziehungen zwischen den USA und China treten Spannungen auf. Doch inzwischen taucht eine andere Version des Auftretens des Virus auf, zusätzlich zu der offiziellen Version, in der die Medien gesagt hatten, dass das Virus von einem Markt in Wuhan ausgehen würde.

18. Mai 2020: Italien öffnet mit dem Ende des Lockdowns wieder seine Türen; Bars und Restaurants werden mit einigen Auflagen wie dem Abstand zwischen den Tischen und einer reduzierten Kapazität in den Räumlichkeiten wiedereröffnet; Es ist möglich, die Familie wieder zu treffen. Für die Bewegung innerhalb der eigenen Region ist keine unzulässige Selbstauskunft mehr erforderlich.

19. Mai 2020: Das Relaunch-Dekret wird im Amtsblatt veröffentlicht, der umfangreichste wirtschaftlicher Eingriff (für 55 Milliarden), das neue Maßnahmen einführt, die vom Babysitter-Bonus bis hin zu Anreizen für Fahrräder und Motorroller reichen. Die Versammlung der Weltgesundheitsorganisation (WHO) gibt einstimmig grünes Licht für die Resolution zur Notwendigkeit, „zu gegebener Zeit und in Absprache mit den Mitgliedstaaten eine unparteiische Untersuchung" zu den Ursprüngen der Coronavirus-Pandemie einzuleiten und die globale Reaktion auf den Gesundheitsnotstand. Sogar China, das zunächst dagegen war, stimmt dafür. Die Zufriedenheit der Vereinigten Staaten ist offensichtlich.

21. Mai 2020: Wann ist das Virus in Europa angekommen? Nicht am 21. Februar, als es in Codogno die ersten Beweise gab, sondern mehrere Wochen zuvor. In Frankreich analysieren Ärzte im Krankenhaus Jean-Verdier di Bondy in der Pariser Banlieue die im Dezember entnommenen Abstriche von Patienten mit Lungenentzündung erneut: Einer war bereits am 27. Dezember positiv. Selbst in Italien gibt es Hinweise auf positive Fälle mehrere Wochen vor denen die bekannt waren. Eine Arbeit in der Mailänder Klinik die auf medRxiv veröffentlicht wurde zeigt, dass zu Beginn der Epidemie einer von 20 Blutspendern (4,6 %) in Mailand bereits Antikörper entwickelt hatte, ein Prozentsatz, der Anfang April auf 7,1 stieg.

31. Mai 2020: „Aus klinischer Sicht existiert das Coronavirus nicht mehr", sagt Alberto Zangrillo während der Sendung *„Mezz'ora in più"* die auf Rai3 ausgestrahlt wird. Der Direktor der Intensivstation San Raffaele in Mailand wird zum Sprecher einer von einigen italienischen Wissenschaftlern geteilten Theorie, wonach das Virus inzwischen abgeschwächt sei und es möglicherweise keine zweite Welle geben werde.

11. Juni 2020: Das DPCM vom 11. Juni ist dasjenige welches in Italien tatsächlich die „Phase 3" eröffnet, die am 15. Juni in Kraft tritt und im Vergleich zu den Vorwochen eine ganze Reihe von Öffnungen und Erleichterungen vorsieht. Neben Spielplätzen sind auch Sommercamps für Kinder von null bis drei Jahren wieder geöffnet. Darüber hinaus gibt es grünes Licht für Kinos, Theater und Open-Air-Shows, auch wenn diese Entscheidung in einigen Regionen (z. B. der Lombardei) auf die folgenden Wochen ausgedehnt wird.

13. Juni 2020: In Peking bricht ein neuer Ausbruch aus. Während in China bereits ein Hauch neuer Normalität herrscht, muss die Hauptstadt nach 55 Tagen mit null Fällen rund 100 Neuinfektionen verkraften. Der Ursprung der Ansteckung ist der Xinfadi-Markt, der sofort geschlossen wird. 27 Stadtteile unterliegen einem Lockdown, Schulen sind geschlossen. In den darauffolgenden Tagen werden die chinesischen Behörden 2,3 Millionen Menschen einem molekularen Abstrich unterziehen, um sich die Positivergebnisse zu erklären und der Ausbreitung des Virus entgegenzuwirken.

15. Juni 2020: *Immuni*, die App zur Rückverfolgung von Infektionen, wird in ganz Italien aktiv, nachdem eine Woche lang nur vier Regionen experimentiert wurden: Abruzzen, Ligurien, Marken und Apulien. Die folgenden Wochen werden uns zeigen, dass es große Schwierigkeiten haben wird, sich durchzusetzen, und dass es verschiedene politische Kontroversen geben wird, wobei die Oppositionsführer tatsächlich ankündigen werden, es nicht fallen zu lassen.

19. Juni 2020: In Lateinamerika ist die Lage explosiv. In Brasilien werden an nur einem Tag 1.238 Todesfälle verzeichnet, die Zahl der Opfer liegt bereits bei fast 50.000. In Brasilien scheint das Virus außer Kontrolle geraten zu sein. Der Verein „Ärzte ohne Grenzen" spricht von „unzureichenden Tests, betroffen ist das Gesundheitspersonal – monatlich sterben 100 Krankenpfleger – und besonders gefährdeten Gemeinschaften, wie etwa den Ureinwohnern im Bundesstaat Amazonas, wo die höchste Sterblichkeitsrate verzeichnet wird".

3. Juli 2020: In Venetien kommt es zu einem neuen Ausbruch. Die Chroniken berichten, dass ein Geschäftsmann aus Vicenza, der von einer Geschäftsreise nach Bosnien und Serbien zurückkehrt, unwissentlich zum Verbreiter wird und an privaten Partys und einer Beerdigung teilnimmt. Der Mann wird wenige Tage später in ernsthaftem Zustand ins Krankenhaus eingeliefert.

10. Juli 2020: „Phase 3" wird immer umfangreicher und andere Einschränkungen fallen. Die Lombardei, eine der am stärksten von der Pandemie betroffenen Regionen der Welt, eröffnet Diskotheken wieder und erlaubt Mannschafts-, Kontakt- und Einzelsportarten. In ganz Italien gibt es wieder Zeitschriften beim Friseur und in Bars und in Seniorenzentren kann man Karten spielen.

24. Juli 2020: „Es besteht kein anhaltender Gesundheitsnotstand, jeder, der den Ausnahmezustand verlängern will, ist nur ein Feind Italiens", sagte Matteo Salvini auf einer Pressekonferenz im Plenarsaal.

29. Juli 2020: Rückgang der Infizierten; Tatsächlich liegen „nur" 38 Personen auf der Intensivstation. Der schlimmste Tag bleibt der 3. April, als 4.068 Personen stationär behandelt wurden. Der Ministerrat stimmt der Verlängerung des Ausnahmezustands bis zum 15. Oktober 2020 zu. Eine Entscheidung, die viele Kontroversen auslöst, da Oppositionsführer die Entscheidung für ungerecht halten.

6. August 2020: Donald Trump kündigt die Ankunft eines Impfstoffs vor Ende 2020 an. Doch Twitter sperrt seinen Account und wirft ihm gefälschte Nachrichten über Covid vor.

11. August 2020: Wladimir Putin gibt bekannt, dass Russland den ersten Impfstoff gegen das neue Coronavirus registriert und ihm den Namen „Sputnik V" gegeben hat. Das Medikament wurde vom Bundesforschungszentrum für Epidemiologie und Mikrobiologie NF Gamaleya entwickelt. Der sowjetische Führer selbst gibt bekannt, dass seine Tochter Maria, eine Endokrinologin, zu den Freiwilligen gehört, denen zwei Dosen des Impfstoffs injiziert wurden. Es sei daran erinnert, dass eine Umfrage des unabhängigen Levada-Zentrums Anfang Mai einen Rückgang der Unterstützung für

Putin gerade aufgrund der Pandemie bescheinigte: Der russische Führer sank von 69% im Februar auf 59% im April. Der Schritt zur Impfung könnte dazu dienen, das Ansehen des Präsidenten wiederherzustellen.

16. August 2020: Die Ansteckungskurve beginnt wieder anzusteigen und in Italien gelten wieder einige Eindämmungsmaßnahmen. Diskotheken sind auf der gesamten Halbinsel geschlossen und Maskenpflicht gilt von 18 bis 6 Uhr morgens in der Nachtszene und Open-Air-Lokalen.

25. August 2020: Im „Billionare" in Porto Cervo, einem der berühmtesten Clubs Italiens, scheint es zu einem großen Ausbruch zu kommen. 52 Personen, darunter Kellner und Insider, sind positiv auf das Coronavirus getestet worden. Darunter auch der Besitzer Flavio Briatore, der im Krankenhaus San Raffaele in Mailand stationär behandelt wurde.

14. September 2020: Wiedereröffnung der Schulen in Italien (in einigen Regionen erfolgt die Wiedereröffnung am 24. September). Nach einem unruhigen Sommer zwischen den zu verfolgenden Strategien und Kontroversen zwischen den verschiedenen politischen Gruppierungen läutet für italienische Studenten erneut die Glocke.

16. September 2020: Der Pharmariese Pfizer gibt bekannt, dass wir bis Ende Oktober herausfinden können, ob der Anti-Covid-Impfstoff, den er mit dem deutschen BioNTech zusammen erarbeitet, funktioniert oder nicht: sagt der CEO des Unternehmens, Albert Bourla, in einem Interview mit der CBS.

24. September 2020: In einigen europäischen Ländern feiert die Pandemie ein Comeback. Vor allem Frankreich leidet seit einiger Zeit unter der Welle von Neuinfektionen, die an einem Tag 10.000 Einheiten übersteigt. Der französische Ministerpräsident Jean Castex schließt die Möglichkeit eines erneuten Lockdowns nicht aus: „Man spielt nicht mit einer Epidemie", sagt er gegenüber France 2 und beruft sich dabei auf „kollektive Verantwortung". Die *Financial Times* lobt Italien: Laut der britischen Zeitung hat unser Land aus der „harten Lektion" der Coronavirus-Epidemie, die im Februar ausbrach, gelernt, den neuen Notfall besser zu bewältigen als andere europäische Länder und „die Epidemie unter Kontrolle zu halten". Eine These, die in den nächsten Wochen leider durch die Fakten dementiert wird.

30. September 2020: In einem Brief, der sofort viral ging, spricht Bill Gates über den Impfstoff und die Bedeutung einer schnellen Verfügbarkeit: „Die Welt steht am Vorabend eines großen wissenschaftlichen Durchbruchs." Ein sicherer und wirksamer Impfstoff gegen CoViD-19 wird höchstwahrscheinlich Anfang nächsten Jahres verfügbar sein. Tatsächlich kann es mehr als einen geben. Dank dieses großen Fortschritts wird die Welt endlich die Chance haben, die Bedrohung durch die Pandemie zu beseitigen und zum normalen Leben zurückzukehren."

18. Oktober 2020: Die zweite Welle explodiert in Italien. Nach dem Monat September, in dem die Infektionen mehr oder weniger unter Kontrolle waren, explodiert die Kurve und deutet auf die Notwendigkeit neuer Sicherheitsmaßnahmen hin. Der schlimmste Tag ist der letzte Tag des Monats, der 31. Oktober, an dem 31.756 neue Positive registriert wurden.

19. Oktober 2020: Ein neues DPCM kommt. Für Bars und Restaurants, Kontaktsportarten, Schule und Fernunterricht sowie

Smart Working sind neue restriktive Maßnahmen vorgesehen. Fitnessstudios und Schwimmbäder bleiben vorerst geöffnet.

24. Oktober 2020: Während neue Beschränkungen befürchtet werden, explodiert in einigen italienischen Städten die Wut. Der lauteste Aufstand ist der von Neapel, wo sich Hunderte von Menschen am Largo San Giovanni Maggiore versammeln, die Barriere der Ordnungskräfte überwinden und zu gewalttätigen Zusammenstößen mit der Polizei und den Carabinieri führen. Sie protestieren gegen die vom Gouverneur der Region De Luca verhängte Ausgangssperre.

4. November 2020: Ein vom Premierminister unterzeichnetes neues DPCM teilt Italien in drei Zonen mit unterschiedlichen Beschränkungen, die am 6. November in Kraft treten. Die Unterteilung umfasst je nach Schwere der Lage eine gelbe, eine orangefarbene und eine rote Farbe. Im roten, am stärksten gefährdeten Bereich wird faktisch ein neuer Lockdown eingeleitet, wenn auch mit weniger strengen Maßnahmen als im vergangenen Frühjahr.

9. November 2020: Der vom amerikanischen Pharmaunternehmen Pfizer und der deutschen BioNTech entwickelte Coronavirus-Impfstoff ist zu 90 % wirksam. Dies ist ein höherer Wert als erwartet, der sich aus den Ergebnissen der Studien an Menschen ergibt. Die Ankündigung kommt vom CEO des Unternehmens, Albert Bourla.

13. November 2020: Mit 40.902 positiven Ergebnissen ist es der Tag mit dem maximalen Höhepunkt für Italien. Die zweite Welle traf buchstäblich die Halbinsel. Krankenhäuser stehen unter Stress und in vielen Regionen ist die kritische Belegungsschwelle auf der Intensivstation bereits deutlich überschritten.

16. November 2020: Nach der von Pfizer kommt die Ankündigung eines weiteren Anti-Covid-Impfstoffs, dieses Mal von Moderna: Das amerikanische Biotech-Unternehmen hat die Phase-3-Daten von Humanversuchen für den mRNA-Impfstoff 1273 bekannt gegeben, der eine Wirksamkeit von nahezu 95 % zeigt (94,5 % um genau zu sein).

8. Dezember 2020: Es ist der Tag der ersten Verabreichung eines Impfstoffs gegen das Coronavirus. Ein historisches Datum. Die erste Dosis wird einer neunzigjährigen Bürgerin injiziert, die ursprünglich aus Enniskillen (Nordirland) stammt und in einem Pflegeheim zu Gast ist: Ihr Name ist Margaret Keenan, sie wird um 6.31 Uhr im Universitätskrankenhaus von Coventry in West Midlands im Zentrum Englands geimpft. Es ist England, das erste Land der Welt, das eine Impfkampagne startet. Der Impfstoff stammt von BioNTech-Pfizer.

14. Dezember 2020: Nach der Zulassung durch die amerikanische Food and Drug Administration (FDA) ist es der Tag der ersten Verabreichungen des BioNTech-Pfizer-Impfstoffs auch in den USA. Bei der ersten Impfung handelt es sich um eine Krankenschwester, die auf der Intensivstation eines Krankenhauses in New York arbeitet. Zwei Tage später, am 16. Dezember, sorgte die schwere allergische Reaktion zweier Geimpfter für Schlagzeilen.

18. Dezember 2020: Die italienische Regierung erlässt das sogenannte „Weihnachtsdekret", das eine Reihe von Einschränkungen insbesondere an Feiertagen vorsieht. Italien ist an manchen Tagen wieder komplett rot, um Menschenansammlungen und Neuinfektionen zu vermeiden.

19. Dezember 2020: FDA gibt grünes Licht auch für den von Moderna hergestellten Impfstoff.

20. Dezember 2020: Die Panik kehrt nach Europa zurück, nachdem die Nachricht über die Entwicklung einer neuen Variante des Virus in Großbritannien bekannt wurde. Viele Länder (einschließlich Italien) beschließen, Flüge mit dem Vereinigten Königreich einzustellen. Die wissenschaftliche Gemeinschaft wundert sich über die mögliche Resistenz dieser Mutation des Virus gegen fertige Impfstoffe (den von BioNTech-Pfizer und den von Moderna).

21. Dezember 2020: EMA (Europäische Arzneimittelagentur) genehmigt die Verabreichung des BioNTech-Pfizer-Impfstoffs in EU-Ländern. Der symbolische D-Day, an dem die ersten Dosen gespritzt werden, ist für den 27. Dezember geplant. Die eigentliche Impfkampagne soll ab Januar 2021 starten.

27. Dezember 2020: Am Morgen des 27. Dezember werden im Spallanzani in Rom die ersten Dosen des Pfizer-Impfstoffs in Italien injiziert. Die erste Geimpfte ist die 29-jährige Krankenschwester Claudia Alivernini.

6. Januar 2021: Die EMA genehmigt die Verwendung des auf mRNA-Technologie basierenden Anti-Covid-Impfstoffs von Moderna. Dies ist nach dem BioNTech-Pfizer-Impfstoff, der am 21. Dezember eingetroffen ist, der zweite Impfstoff, der grünes Licht von der Behörde erhält.

8. Januar 2021: Die Explosion neuer Varianten des Virus macht Angst, gerade jetzt, wo die Welt mit Erwartung und Hoffnung auf Impfstoffe blickt. In Großbritannien ist die Lage dramatisch. Die B117-Variante, auch „englische Variante" genannt, zwingt das Land so sehr in die Knie, dass am 8. Januar die Zahlen lauten: 68.053 tägliche Infektionen und 1.325 Todesfälle. Am 6. Januar verhängt das Land einen Lockdown.

14. Januar 2021: Die ersten beruhigenden Daten zu Impfstoffen kommen aus Israel, das in knapp einem Monat fast einem Viertel der Bevölkerung die erste Dosis des Pfizer-Impfstoffs verabreicht hat. Nach Untersuchungen von „Clalit Research" kommt es ab dem 14. Tag nach der Impfung zu einem drastischen Rückgang der Infektionen in der geimpften Bevölkerung.

6. Februar 2021: Die ersten 249.600 Dosen des AstraZeneca-Impfstoffs treffen auf dem Militärflughafen Pratica di Mare ein.

13. Februar 2021: In Italien tritt nach dem Rücktritt von Premierminister Giuseppe Conte eine neue Regierung ihr Amt an. Geleitet wird es vom ehemaligen Präsidenten der Europäischen Zentralbank, Mario Draghi. Unterdessen steigt die nach den Weihnachtsbeschränkungen offenbar stabile Ansteckungskurve wieder an. Einige Regionen – wie etwa Umbrien – sind besorgt über das Vorhandensein neuer Varianten. Neben dem Englischen, das bald in Europa dominieren wird, werden auch die ersten Fälle von Südafrikanern und Brasilianern entdeckt.

19. Februar 2021: Deutschland verlängert den von vor Weihnachten geltenden Lockdown bis zum 7. März. Die Schulen bleiben geschlossen. Der Vorfall der englischen Variante ist besorgniserregend.

26. Februar 2021: In Italien bricht die dritte Infektionswelle aus. Die lange Pattsituation, die seit Mitte Dezember andauerte, ist vorbei. Infektionen und Krankenhauseinweisungen nehmen zu. Das Vorhandensein der neuen Varianten beunruhigt die Regierung, die ein neues DPCM mit restriktiven Maßnahmen erlässt, die bis zum 6. April angesetzt sind. Zu den Neuerungen gehört die voraussichtliche Schließung aller Schulen in der roten Zone, einschließlich Kindergärten und Grundschulen. Die Kriterien für den Sprung von einer Farbenzone zur nächsten werden strenger. Ab 250 Fällen pro 100.000 Einwohner begibt man sich in den roten Bereich.

8. März 2021: Schulen schließen in vielen italienischen Regionen. Der Anstieg der Infektionen beunruhigt die Regierung, die diese Maßnahme einführt. Mehr als 6 Millionen Schüler kehren aufgrund eines traurigen Déjà-vu aus dem Vorjahr zum DAD (Fernunterricht) zurück.

11. März 2021: Die EMA genehmigt die Verwendung des Anti-Covid-Impfstoffs von Johnson & Johnson. Nach denen von BioNTech-Pfizer, Moderna und AstraZeneca ist es der vierte von der EU empfohlene Impfstoff zur Vorbeugung von CoViD-19. In den Vereinigten Staaten wird der 1.900 Milliarden Dollar schwere Maxi-Hilfsplan für die Wirtschaft verabschiedet, der die Erholung beschleunigen und Wunden und soziale Ungleichheiten heilen soll, die durch eine lange Pandemiekrise verschärft wurden. Am nächsten Tag wird Joe Biden den Plan (America Rescue Plan) im Oval Office unterzeichnen und ihn als „Gesetz bezeichnen, das die Pandemie umkehren und unsere Wirtschaft neu starten wird".

15. März 2021: Mehrere europäische Länder (darunter Italien) setzen die Verabreichung des AstraZeneca-Impfstoffs vorübergehend aus, nachdem einige Verdachtsfälle einer Hirnthrombose aufgetreten sind. Der Shutdown wird drei Tage dauern. Tatsächlich wird die EMA am 18. März den Impfstoff erneut für wirksam und sicher erklären und die Verabreichung in den meisten Ländern wieder aufnehmen, in einigen Fällen mit Einschränkungen (z. B. nur für die über 60-Jährigen in Frankreich und dann Deutschland). Die sehr seltenen Fälle von Thrombosen werden im „Beipackzettel“ des Arzneimittels zusätzlich zu den Nebenwirkungen aufgeführt.

19. März 2021: In Italien verabschiedet der Ministerrat ein Gesetzesdekret, in dem 32 Milliarden Euro zur Unterstützung von Unternehmen und Arbeitnehmern bereitgestellt werden, die von den Folgen der Pandemie betroffen sind. Es heißt „Unterstützungsdekret“ und wurde bereits Anfang des Jahres von der Conte-Regierung genehmigt, nach dem Sturz der Regierung jedoch verschoben.

28. März 2021: Tests der Normalität in Barcelona, wo in Zeiten der Pandemie ein Konzertexperiment stattfand. Ein medizinisches Team überwachte die gesamte Operation. Schnellabstriche für alle Teilnehmer und Maskenpflicht. Ziel ist es zu verstehen, wie weit sich das Virus unter diesen Umständen verbreiten kann.

29. März 2021: Zum ersten Mal seit sechs Monaten „feiert“ London eine Zahl, die Hoffnung macht: 0 Todesfälle durch Coronaviren in den letzten 24 Stunden! Die Nachricht kommt am Tag der von Premierminister Boris Johnson angekündigten ersten Lockerung des nationalen Lockdowns. Die Ergebnisse sind auf den Ende Dezember begonnenen Lockdown, aber auch auf Impfstoffe zurückzuführen, wobei das Vereinigte Königreich Europa bei den verabreichten Dosen deutlich abgrenzt. Am 20. März wurden in Großbritannien nach offiziellen Angaben innerhalb von 24 Stunden 844.285 Dosen verabreicht, pro Sekunde wurden sogar 27 geimpft.

2. April 2021: Bei AstraZeneca herrscht Chaos. Neue Schatten werfen einige von der Financial Times veröffentlichte Zahlen aus Großbritannien über etwa dreißig Thrombosefälle, die einige Wissenschaftler genau mit dem Oxford-Impfstoff in Verbindung gebracht haben. Die MHRA (britische Arzneimittelaufsichtsbehörde) stellt jedoch klar, dass sie bei Personen, die den BioNTech-Pfizer-Impfstoff erhalten haben, keine der gleichen Reaktionen beobachtet hat. Es entbrennt eine große Diskussion über den anglo-schwedischen Impfstoff.

16. April 2021: Die Pandemie scheint Italien weniger stark zu treffen. Die Zahl der Todesfälle geht endlich zurück, nachdem sich die Zahlen sechs Wochen lang verschlechtert hatten. Auch der Druck aus den Krankenhäusern nimmt ab. Die Impfung hat seit etwa einer Woche ihren Rhythmus bei durchschnittlich 300.000 Dosen pro Tag gefunden.

26. April 2021: Wiedereröffnung beginnt in Italien. Die gelben Bereiche sind zurück mit Bewegungen zwischen den Regionen. Alle Schüler in den gelben und orangen Bereichen kehren in den Unterricht zurück. In der roten Zone ist Fernstudium bis zur achten Klasse. Restaurants öffnen zum Mittag- und Abendessen wieder, allerdings nur im Freien. Sport ist erlaubt (nur draußen). Für Reisen zwischen Regionen unterschiedlicher Farbe wird ein Impfausweis benötigt, der den europäischen „Green Pass" vorwegnimmt.

30. April 2021: Pfizer und BioNTech stellen bei der EMA den Antrag auf grünes Licht für die Verabreichung des Anti-Covid-Impfstoffs an Jugendliche im Alter von 12 bis 15 Jahren.

6. Mai 2021: Der Fall um Impfstoffpatente explodiert. Joe Biden sorgt für den Schock: Die US-Regierung gibt bekannt, dass sie sich für die Aufhebung des Patentschutzes für Impfstoffe gegen CoViD-19 ausspricht und beteiligt sich in diesem Sinne „aktiv" an den laufenden Verhandlungen bei der Welthandelsorganisation (WTO). Ein Schritt, der den Weg für eine Beschleunigung der Produktion und Verteilung von Dosen auf der ganzen Welt, insbesondere in den ärmsten Ländern, ebnen könnte, aber die Aktien der Pharmaunternehmen an der Börse sinken lässt.

11. Mai 2021: In USA können vollständig geimpfte Personen in den meisten Situationen, sowohl im Freien als auch in geschlossenen Räumen, auf das Tragen von Masken und die Einhaltung der Abstandsregeln verzichten. Dies wurde von der CDC, der führenden US-Gesundheitsbehörde, bekannt gegeben.

14. Mai 2021: Eine neue Variante, die als „Indisch" bezeichnet wird, breitet sich aus und bereitet der Welt Sorgen. Sie wurde in 44 Ländern, einschließlich Italien, nachgewiesen. Dies ist ein stark diskutiertes Thema, da sie anscheinend eine hohe Ansteckungsgefahr aufweist, möglicherweise höher als alle bisher bekannten Varianten des Coronavirus. Es ist noch wenig über die Wirksamkeit der Impfstoffe gegen diese Variante bekannt.

28. Mai 2021: Die Europäische Arzneimittel-Agentur gibt ihre Zustimmung zur Verabreichung des BioNTech-Pfizer-Impfstoffs an Jugendliche im Alter von 12 bis 15 Jahren.

4. Juni 2021: Die „Delta"-Variante sorgt für Angst im Vereinigten Königreich. Die Infektionszahlen, die seit März stark gesunken waren (auch dank einer massiven Impfkampagne), steigen innerhalb weniger Tage wieder an.

10. Juni 2021: Italien verzeichnet einen Rekordtag in der Impfkampagne. Innerhalb von 24 Stunden werden 631.817 Dosen verabreicht.

11. Juni 2021: Das Technisch-Wissenschaftliche Komitee (CTS) in Italien stoppt die Verabreichung des AstraZeneca-Impfstoffs für Personen unter 60 Jahren. Es wird angekündigt, dass diejenigen, die bereits die erste Dosis erhalten haben und in die Altersgruppe fallen, die zweite Dosis mit Pfizer oder Moderna erhalten können.

30. Juni 2021: Mit derzeit 639 positiven Fällen ist es der beste Tag für Italien seit dem Ausbruch der zweiten Welle im Oktober 2020. Ab dem nächsten Tag, dem 1. Juli, werden die aktuellen positiven Fälle aufgrund der „Delta"-Variante wieder zunehmen.

1. Juli 2021: Der europäische „Green Pass" kommt auf den Markt, ein Zertifikat, das das Reisen in und aus allen Ländern der Europäischen Union und des Schengen-Raums erleichtert. Das Dokument wird denjenigen ausgestellt, die gegen Covid geimpft sind, ein negatives Ergebnis beim Molekular-/Antigentest erhalten haben oder von der Krankheit genesen sind.

15. Juli 2021: Mit 60.713 neuen Fällen verzeichnet das Vereinigte Königreich den Rekord bei Infektionen. Schuld daran ist die „Delta"-Variante, die das Land bereits seit einigen Wochen heimgesucht hat. Der Trend wird sich jedoch in den folgenden Tagen umkehren. Glücklicherweise scheinen die Prozentsätze der Krankenhauseinweisungen nicht denen der Infektionen zu folgen. Impfstoffe wirken. Die Variante ist in ganz Europa dominant.

19. Juli 2021: Im Vereinigten Königreich beginnt der Tag der Freiheit. Alle Beschränkungen im Zusammenhang mit der Pandemie sind aufgehoben, und dies, obwohl die „Delta"-Variante einen rasanten Anstieg der Infektionen gemeldet hat. Seit dem 20. Juli sind die Fälle jedoch zurückgegangen, und Experten atmen vorsichtigen Optimismus.

23. Juli 2021: In Italien tritt ein neues Dekret in Kraft. Die wichtigste Neuerung betrifft die Einführung des obligatorischen Impfausweises ab dem 6. August unter bestimmten Umständen (z. B. in Innenrestaurants). Eine Entscheidung, die auf einigen Plätzen des Landes Proteste auslöst.

6. August 2021: Der Impfausweis wird in Italien obligatorisch. Er ist erforderlich zum Zutritt zu Sportveranstaltungen, Messen, Kongressen, Museen, Themen- und Vergnügungsparks, Wellnesszentren, Bingo Hallen und Casinos, Theatern, Kinos und Konzerten sowie das Sitzen an Tischen drinnen in Bars und Restaurants (er ist nicht erforderlich wenn man an der Theke oder im Freien konsumiert), in Schwimmbädern, Fitnessstudios, Wellnesszentren, beschränkt auf Indoor-Aktivitäten. Auch die Teilnahme an öffentlichen Ausschreibungen ist verpflichtend. Es ist eine Entscheidung, die im Land viele Spannungen hervorruft.

13. August 2021: Die FDA genehmigt die dritte Impfstoffdosis und stellt sie Transplantatempfängern und anderen Personen mit geschwächtem Immunsystem zur Verfügung. Ziel ist es, sie besser vor der „Delta"-Variante zu schützen.

16. September 2021: Ab 15. Oktober wird geändert: obligatorischer Impfausweis für alle öffentlichen und privaten Mitarbeiter. Die Pflicht gilt an allen Arbeitsplätzen: in Fabriken,

Büros, professionellen Dienststellen. Dies wird durch ein vom Ministerrat genehmigtes und im Amtsblatt veröffentlichtes Gesetzesdekret festgelegt.

25. September 2021: Die „No Green Pass"-Proteste explodieren in Italien. Triest ist einer der heißesten Plätze: Auch die Hafenarbeiter der julianischen Stadt kündigen die Blokkade des Hafens an.

1. Oktober 2021: Ein antivirales Medikament senkt die Wahrscheinlichkeit um etwa 50%, dass neu diagnostizierte CoViD-19-Patienten ins Krankenhaus eingeliefert werden. Dies geben Merck & Co – außerhalb der USA und Kanadas als Msd bekannt – und Ridgeback Biotherapeutics in einer Pressemitteilung bekannt, die auf den Ergebnissen der Phase-III-Zwischenanalyse der MOVe-OUT-Studie basiert, die an ambulant behandelten Erwachsenen mit mindestens einer Erkrankung und mit leichter oder mittelschwerer CoViD-19 durchgeführt wurde.

4. Oktober 2021: EMA gibt grünes Licht für die dritte Impfdosis. Nach Angaben des Ausschusses für Humanarzneimittel (CHMP) „kann man Menschen mit stark geschwächtem Immunsystem mindestens 28 Tage nach der zweiten Dosis eine zusätzliche Dosis der Impfstoffe Comirnaty (BioNTech-Pfizer) und Spikevax (Moderna) verabreichen." Für den Rest der Bevölkerung erklärt der CHMP, dass „die Auffrischungsdosis mindestens 6 Monate nach der zweiten Dosis für Personen ab 18 Jahren in Betracht gezogen werden kann".

5. November 2021: Pfizer gab bekannt, dass es eine antivirale Pille entwickelt hat, die das Risiko von Krankenhausaufenthalten und Todesfällen bei Erwachsenen mit hohem Risiko um 90 % senkt. Damit steigt das für den Impfstoff bekannte Pharmaunternehmen in das Rennen um antivirale Pillen zur Behandlung von Covid-Patienten ein.

11. November 2021: Die offizielle Ankündigung kommt: Ab dem 1. Dezember beginnen wir mit der dritten Impfdosis für die Altersgruppe der 40- bis 50-Jährigen. Die Anti-Covid-„Auffrischungsdosis", heißt es in dem vom Generaldirektor für Prävention, Giovanni Rezza, unterzeichneten Rundschreiben des Gesundheitsministeriums, wird „mit mRna-Impfstoff geimpft, auch an Personen im Alter zwischen 40 und 59 Jahren, sofern mindestens 6 Monate vergangen sind seit dem Abschluss der Grundimmunisierung, unabhängig vom zuvor verwendeten Impfstoff.

18. November 2021: Mit über 10.000 täglichen Infektionen fällt Italien in die vierte Welle. Die Trendwende ist nun schon seit einigen Wochen im Gange und die Wachstumsraten sind erschreckend während in vielen anderen europäischen Ländern, von Deutschland bis Österreich die Situation kritisch ist.

25. November 2021: Das Gesundheitsministerium veröffentlicht ein neues Rundschreiben zur Verlängerung der Gültigkeit der Ausnahmebescheinigungen für die Anti-Covid-Impfung bis zum 31. Dezember 2021 und weist darauf hin, dass die Ausstellung neuer Bescheinigungen nicht mehr erforderlich sein wird.

25. November 2021: Neues Rundschreiben des Gesundheitsministeriums: Erweiterung des Impfkreises, der die „Auffrischungsdosis" erhält. Ab dem 1. Dezember 2021 kann die Auffrischungsdosis auch Personen verabreicht werden, die das 18. Lebensjahr vollendet haben. Darüber hinaus wird empfohlen, den vorrangigen Zugang zur Impfung sowohl für alle Personen zu gewährleisten, die noch nicht mit der Grundimmunisierung begonnen oder diese abgeschlossen haben, als auch für Personen, die noch auf die zusätzliche Dosis warten (Transplantationspatienten und stark immungeschwächte Patienten). Auch für die stark gefährdeten Personen die aufgrund von Alter oder hoher Gebrechlichkeit an schweren Formen von CoViD-19 erkranken können, sowie an Personen mit hoher Infektionsexposition, die noch keine Auffrischungsdosis erhalten haben, und in jedem Fall an alle Personen, für die die Impfpflicht besteht.

25. November 2021: Die Ministerien für Infrastruktur und Wirtschaft erlassen einen interministeriellen Erlass über die Durchführungsverfahren zur Entschädigung der durch den Notfall CoViD-19 entstandenen Schäden durch Flughafenbetreiber und Flughafendienstleister.

26. November 2021: Ministerialerlass des Gesundheitsministeriums über die Genehmigung für den vorübergehenden Vertrieb der antiviralen Medikamente Molnupiravir und Paxlovid.

1. Gemäß Art. 5, Absatz 2, des Gesetzesdekrets vom 24. April 2006, Nr. 219, bis zum Abschluss der Verfahren zur Marktzulassung, der vorübergehende Vertrieb von Arzneimitteln auf der Basis oraler antiviraler Arzneimittel zur Behandlung von CoViD-19 ohne Marktzulassung auf europäischem und nationalem Gebiet.
2. Die oralen antiviralen Arzneimittel Molnupiravir von MSD und Paxlovid (PF-07321332) von Pfizer unterliegen der in Absatz 1 genannten Zulassung.
3. Die vorübergehende Verteilung der in Absatz 2 genannten Arzneimittel erfolgt durch den Außerordentlichen Kommissar für die Umsetzung und Koordinierung der Maßnah-

men zur Eindämmung und Bekämpfung des in Artikel 1 genannten epidemiologischen Notfalls CoViD-19. 122 des Gesetzesdekrets vom 17. März 2020: n. 18, gemäß den von ihr definierten Methoden und Verfahren.

4. Mit den nachfolgenden Bestimmungen legt die italienische Arzneimittelagentur die Methoden und Bedingungen für die Verwendung der in Absatz 2 genannten Arzneimittel gemäß dem von derselben Agentur genehmigten Produktinformationsblatt fest.

26. November 2021: Die Regierung genehmigt das folgende Gesetzesdekret, auch bekannt als „Super-Green-Pass-Dekret".

Artikel 3-ter (Einhaltung der Impfpflicht). - Die Erfüllung der zur Vorbeugung einer SARS-CoV-2-Infektion vorgesehenen Impfpflicht umfasst den ersten Impfzyklus und ab dem 15. Dezember 2021 die Verabreichung der nachfolgenden Auffrischungsdosis, die unter Einhaltung der Indikationen und Fristen durchzuführen ist. Dies ist in einem Rundschreiben des Gesundheitsministeriums vorgesehen.

Artikel 4 wird durch Folgendes ersetzt: Artikel 4 (Impfpflichten für Gesundheitsberufe und Akteure im Gesundheitsinteresse).

1. Um die öffentliche Gesundheit zu schützen und angemessene Sicherheitsbedingungen bei der Bereitstellung von Pflege- und Hilfsdiensten aufrechtzuerhalten, in Umsetzung des in Artikel 1 Absatz 457 des Gesetzes vom 30. Dezember 2020 genannten Plans: n. 178, die Betreiber der Gesundheitsberufe und Betreiber von Gesundheitsinteressen gemäß Artikel 1 Absatz 2 des Gesetzes vom 1. Februar 2006, Nr. 43, betreff Vorbeugung einer SARS-CoV-2-Infektion sind verpflichtet, sich einer kostenlosen Impfung zu unterziehen, einschließlich ab dem 15. Dezember 2021 der Verabreichung der Auffrischungsdosis im Anschluss an den Zyklus.

Die Impfung ist eine wesentliche Voraussetzung für die Berufsausübung und für die Ausübung der Arbeitsleistung der Verpflichteten.
Die Impfung wird auch gemäß den Angaben der Regionen und autonomen Provinzen Trient und Bozen gemäß den Bestimmungen des im ersten Zeitraum genannten Plans durchgeführt.

2. Nur im Falle einer festgestellten Gesundheitsgefährdung in Bezug auf bestimmte dokumentierte klinische Zustände, zertifiziert durch den Hausarzt, in Übereinstimmung mit den dortigen Rundschreiben des Gesundheitsministeriums ist man von der Impfung gegen SARS-CoV-2 befreit. Die in Absatz 1 genannte Verpflichtung besteht nicht und die Impfung kann unterlassen oder aufgeschoben werden.

26. November 2021: Anordnung des Gesundheitsministeriums zu Einreisebeschränkungen nach Italien für Reisende aus Südafrika, Lesotho, Botswana, Simbabwe, Malawi, Mosambik, Namibia und eSwatini mit dem Ziel, die Verbreitung der Omicron-Variante einzudämmen.

26. November 2021: Anordnung des Gesundheitsministeriums für die Region Friaul- Julisch Venetien in die gelbe Zone: Um der Ausbreitung des SARS-Cov-2-Virus entgegenzuwirken und diese einzudämmen, werden in der Region Friaul-Julisch Venetien für einen Zeitraum von fünfzehn Tagen, vorbehaltlich einer Neuklassifizierung, die in der sogenannten „gelben Zone" genannten Maßnahmen ergriffen im Sinne von Artikel 9-bis, Absatz 2-bis, des Gesetzesdekrets vom 22. April 2021: n. 52, zuletzt geändert durch das Gesetzesdekret vom 24. November 2021: n. 172, in der Einleitung erwähnt.

26. November 2021: Anordnung des Gesundheitsministeriums zu den Hinweisen im Zusammenhang mit der Ausbreitung der Covid-Variante „Omicron".
Das Update vom 26.11.2021 „ECDC SARS-CoV-2 besorgniserregende Varianten vom 26. November 2021", verfügbar unter dem Link https://www.ecdc.europa.eu/en/covid-19/variants-concern, berichtet über die Verbreitung einer neuen VOC-Variante der Pango B.1.1.529-Linie, die bisher in Botswana (6), Südafrika (59), Hongkong (2) und Israel (1) entdeckt wurde, wie aus den im Bericht veröffentlichten Daten hervorgeht GISAID EpiCoV-Datenbank. In Belgien wurde ein Fall der SARS-Cov-2-Variante B.1.1.529 bei einer jungen Frau identifiziert, die 11 Tage nach ihrer Reise über die Türkei nach Ägypten Symptome entwickelte. 0054258-26/11/2021-DGPReDGPRE-P.
Variante B.1.1.529 weist im Vergleich zum Originalvirus eine hohe Anzahl an S-Genmutationen auf (A67V, D614G, D796Y, E484A, G142D, G339D, G446S, G496S, H69del, V70del, H655Y, ins214EPE, K417N, L212I, L981F, N211del, N440K, N501Y, N679K, N764K, N856K, N969K, P681H, Q493R, Q498R, Q954H, S371L, S373P, S375F, S477N, T95I, T478K, T547K, V143del, Y144del, Y 1 45del, Y505H) und zeigt ein S-Zielgenversagen (SGTF) in der RT-PCR.
Dieses Merkmal kann als Proxy zur schnellen Identifizierung für den Fall verwendet werden, dass nicht gleichzeitig andere Varianten mit demselben Merkmal im Umlauf sind. Es besteht die Befürchtung, dass die hohe Zahl an Mutationen des Spike-Proteins zu einer erheblichen Veränderung der antigenen Eigenschaften des Virus führen könnte, allerdings wurden bisher keine virologischen Charakterisierungen durchgeführt und es gibt keine Hinweise auf Veränderungen in der Übertragbarkeit, der Schwere der Infektion, oder mögliche Umgehung der Immunantwort. Als Vorsichtsmaßnahme und vor dem Hintergrund des oben Gesagten wird Folgendes empfohlen: Stärkung und

Überwachung der Rückverfolgungs- und Sequenzierungsaktivitäten im Falle von Reisenden aus Ländern, in denen diese Variante verbreitet ist und deren Kontakte oder Ausbrüche durch einen schnellen und ungewöhnlichen Anstieg der Fälle gekennzeichnet sind; die im Rundschreiben Nr. 1 vorgesehenen Maßnahmen rechtzeitig und gewissenhaft umsetzen. 36254 vom 11.08.2021 „Aktualisierung der empfohlenen Quarantäne- und Isolationsmaßnahmen angesichts der Verbreitung der neuen SARS-Cov-2-Varianten in Italien und insbesondere der Verbreitung der Delta-Variante (Abstammung B.1.1.617.2)", und im Falle der Identifizierung der Variante B.1.1.529 die bereits für die Variante Beta vorgesehenen Maßnahmen anwenden.

30. November 2021: Verordnung des Gesundheitsministeriums über außerordentliche Maßnahmen anlässlich der internationalen Veranstaltung „Rom MED 2021 – Mediterranean Dialogues".

1. Teilnehmer, die zur internationalen Veranstaltung „Rom MED 2021 – Mediterranean Dialogues" eingeladen werden, die vom 2. bis 4. Dezember 2021 in Rom stattfindet, dürfen das Staatsgebiet betreten und sich dort nur für die unbedingt erforderliche Zeit an der Teilnahme der Veranstaltung aufhalten und an die damit verbundenen Tätigkeiten, auch abweichend von den Bestimmungen des Art. 49, Absatz 3, des Dekrets des Präsidenten des Ministerrats vom 2. März 2021.
2. Zur Eindämmung der Ausbreitung des SARS-CoV-2-Virus findet die in Absatz 1 genannte Veranstaltung unter Einhaltung des beigefügten Sicherheitsprotokolls statt, das „Hinweise zur Vorbeugung und zum Schutz vor der Ansteckungsgefahr durch CoViD-19 enthält. Bei der Organisation der Veranstaltung „Rom MED 2021 – Mediterranean Dialogues" ist dies ein integrierender Bestandteil dieser Verordnung.

3. Sofern keine Symptome von CoViD-19 auftreten, dürfen sich die in Absatz 1 genannten Personen nicht den Gesundheitsüberwachungs- und treuhänderischen Isolationsmaßnahmen unterziehen, die in Bezug auf die Einreise aus fremden Staaten und Gebieten in das Staatsgebiet gemäß „Art. 51, Absätze 1 bis 6, des Dekrets des Präsidenten des Ministerrats vom 2. März 2021 und durch die später gemäß Art. 51, Absätze 1 bis 6, erlassenen Verordnungen des Gesundheitsministers. 2, Absatz 2, des Gesetzesdekrets vom 25. März 2020: n. 19, umgewandelt, mit Änderungen, per Gesetz vom 22. Mai 2020: n. 35.
4. Die in Absatz 1 genannten Probanden unterziehen sich außerdem alle 48 Stunden während der gesamten Dauer der Veranstaltung einem molekularen oder antigenen Test, der mittels eines Abstrichs durchgeführt wird.
5. Für die in Absatz 3 genannten Zwecke übermitteln die zuständigen Behörden den Dienststellen des Gesundheitsministeriums eine detaillierte Liste der Teilnehmer an der in Absatz 1 genannten Veranstaltung, der einzelnen Herkunftsländer und der Ankunftsflughäfen.

30. November 2021: Rundschreiben des Gesundheitsministeriums zu den Vorgaben zu den Indikationen zur Identifizierung und Verwaltung von Covid-Kontakten in Schulen.
Gemäß dem gemeinsam unterzeichneten Rundschreiben zwischen dem Gesundheitsministerium und dem Bildungsministerium prot. Nr. 54504 vom 29. November 2021 „Aktualisierung der Indikationen zur Identifizierung und Verwaltung von Kontaktpersonen von SARS-CoV-2-Infektionsfällen in Schulen" wird Folgendes dargestellt. Als weitere Konkretisierung ist darauf hinzuweisen, dass, auch unter Berücksichtigung der von der beauftragten Struktur mit Mitteilung vom 30.11.2021 ausgewiesenen Verfügbarkeit, das im Rundschreiben Nr. 50079

vom 3. November 2021: zur Überprüfung der Positivität der als Kontakte einer Klasse/Gruppe identifizierten Personen, die äußerst schnell durchgeführt werden muss, um die Kontrolle der Infektion zu gewährleisten. In Anbetracht des oben Gesagten und unbeschadet der Bestimmungen des oben genannten Rundschreibens vom 3. November letzten Jahres für das integrierte Bildungssystem für 0-6 Jahre muss der Präsenzunterricht in jedem Fall für diejenigen gewährleistet sein, die nicht unter die in der Verordnung festgelegten Quarantänemaßnahmen fallen. Angesichts der Angaben zur Struktur des Kommissars werden die im vorherigen Rundschreiben genannten Bestimmungen folglich ersetzt.

30. November 2021: Interministerieller Erlass der Ministerien für Infrastruktur, Bildung und Wirtschaft über die Übertragung von Mitteln an die Gemeinden, um die Bereitstellung von Schülertransportdiensten zu ermöglichen.

1. Die Bestimmungen dieses Dekrets legen die Zuweisungskriterien und die Zuweisung der Mittel an die einzelnen Gemeinden und ihre Verbände für das Jahr 2021 fest: in Höhe von 150 Millionen Euro aus dem in den Schätzungen des Ministeriums für Infrastruktur und nachhaltige Mobilität festgelegten Fonds gemäß Art. 1, Absatz 790, des Gesetzes vom 30. Dezember 2020: n. 178.
2. Die Auszahlung finanzieller Mittel an die in Absatz 1 genannten Einrichtungen erfolgt unbeschadet dessen, was dem Unternehmen Consap Spa als Verwalter der vorläufigen Tätigkeit der in diesem Dekret genannten Maßnahme gemäß Art. 4 zusteht.

30. November 2021: Interministerieller Erlass der Ministerien für Gesundheit, Wirtschaft und Arbeit über die Festlegung der Höhe und der Auszahlungsmodalitäten der Entschädigung,

die Arbeitnehmern im Gesundheitswesen zusteht, die ab dem 1. Mai 2021 unter vorläufiger Verwaltung stehen.
Höhe der Entschädigung im Zusammenhang mit der anhaltenden epidemiologischen Notlage für ausgelagerte Arbeitskräfte im Gesundheitssektor:

1. Die Höhe der Entschädigung im Zusammenhang mit der laufenden epidemiologischen Notlage wird als einmalige Zahlung nur für das Jahr 2021 anerkannt: an ausgelagerte Arbeitnehmer im Gesundheitswesen, die ab dem 1. Mai 2021 in den Unternehmen und Einrichtungen der NHS tätig sind, zu dem Art. 10-bis des Gesetzesdekrets vom 28. Oktober 2020: Nr. 137, umgewandelt mit Änderungen durch das Gesetz vom 18. Dezember 2020: Nr. 176, auf der Grundlage der von den in der diesem Dekret beigefügten Tabelle A genannten Regionen/autonomen Provinzen zertifizierten Daten, entspricht 791,76 Euro pro Kopf.
2. Die Finanzierung von 8 Millionen Euro, basierend auf der Höhe der Finanzierung des allgemeinen nationalen Gesundheitsbedarfs, zu dem der Staat für das Jahr 2021 beiträgt: was die maximale Ausgabenobergrenze darstellt für die Regionen/autonomen Provinzen beruft man sich auf der in Absatz 1 genannten Daten gemäß den in der diesem Dekret beigefügten Tabelle B angegebenen Mengen.

1. Dezember 2021: Beschluss der italienischen Arzneimittelbehörde (AIFA) zur Ausweitung des Comirnaty-Impfstoffs (BioNTech-Pfizer) auf die Altersgruppe der 5- bis 11-Jährigen.
Am 01.12.2021 genehmigte die technisch-wissenschaftliche Kommission der AIFA unter Annahme der Stellungnahme der Europäischen Arzneimittel-Agentur (EMA) die Erweiterung der Indikation für die Verwendung des Impfstoffs Comirnaty (BioNTech-Pfizer) in der spezifischen Formulierung 10 µg/Dosis, für die Altersgruppe von 5–11 Jahren (Anhang 1). Daher ist es

möglich, mit der Einbeziehung dieser Altersgruppe in das Anti-SARS-CoV-2/CoViD-19-Impfprogramm fortzufahren, unter Berücksichtigung der bereits im Dokument „Vorläufige Empfehlungen zu Zielgruppen von Anti-SARS-CoV" definierten Prioritäten -2/ CoViD-19", auf die im Ministerialerlass vom 12. März 2021 Bezug genommen wird: unter besonderer Berücksichtigung der Kategorie „hohe Fragilität". Comirnaty 10 µg/Dosis wird nach Verdünnung verabreicht. Intramuskulär (vorzugsweise im Deltamuskelbereich des Arms) als Zyklus von 2 Dosen (jeweils 0,2 ml) im Abstand von 3 Wochen (21 Tagen). Bei Kindern, die sich einer Organtransplantation oder einer Transplantation hämatopoetischer Stammzellen unterziehen oder bei denen die Immunantwort aufgrund krankheitsbedingter Ursachen oder pharmakologischer Behandlungen deutlich beeinträchtigt ist (siehe Rundschreiben 41416-14/09/2021-DGPRE), ist die Verabreichung einer zusätzlichen Dosis möglich nach mindestens 28 Tage der zweiten Dosis.
Zu den wichtigsten Merkmalen dieser Formulierung gehört, dass jede Durchstechflasche, deren Verschlusskapsel aus orangefarbenem Kunststoff besteht, 10 Dosen zu 0,2 ml nach Verdünnung mit 1,3 ml 9 mg/ml (0,9%) Natriumchlorid-Injektionslösung enthält. Die aufgetauten, ungeöffneten Durchstechflaschen können während der 6-monatgien Gültigkeitsdauer bei 2°C bis 8°C bis zu 10 Wochen aufbewahrt werden; nach dem Durchstechen können sie bei 2°C bis 30°C gelagert und innerhalb von 12 Stunden verwendet werden.
Für weitere Einzelheiten ist der Auszug aus dem technischen Datenblatt, der sich nur auf die 10 µg/Dosis-Formulierung bezieht (Anhang 2), beigefügt. Das vollständige technische Datenblatt, das demnächst veröffentlicht wird, und seine Aktualisierungen finden Sie in der AIFA-Website, in der Rubrik „trova farmaco" (Medikamente finden), die unter dem Link

https://www.aifa verfügbar ist. gov.it/trova-farmaco. Die von der AIFA herausgegebene Aktualisierung der Informationsnotiz zum Comirnaty-Impfstoff wird ebenfalls übermittelt.

2. Dezember 2021: Rundschreiben des Innenministeriums zu den Hinweisen zur Umsetzung des „Super-Green-Pass-Erlasses".

2. Dezember 2021: Anordnung des Gesundheitsministeriums zur Verabschiedung der „Richtlinien für die Wiederaufnahme der wirtschaftlichen und sozialen Aktivitäten".

1. Um die Ausbreitung des SARS-CoV-2-Virus einzudämmen, müssen wirtschaftliche und soziale Aktivitäten im Einklang mit den „Richtlinien für die Wiederaufnahme wirtschaftlicher und sozialer Aktivitäten" stattfinden, die von der Konferenz der Regionen und Autonomen Regionen erstellt wurde, ergänzt und geändert durch den Technisch-Wissenschaftlichen Ausschuss, die einen integralen Bestandteil dieser Verordnung bilden.
2. Die in Absatz 1 genannten Leitlinien aktualisieren und ersetzen das Dokument mit den „Leitlinien für die Wiederaufnahme der wirtschaftlichen und sozialen Aktivitäten", das mit der oben genannten Verordnung des Gesundheitsministers vom 29. Mai 2021 angenommen wurde: wie in Art. 10-bis des Gesetzesdekrets vom 22. April 2021: n. 52.

2. Dezember 2021: Ministerialerlass des Gesundheitsministeriums über den Widerruf der Genehmigung für den vorübergehenden Vertrieb der monoklonalen Antikörperkombination Casirivimab-Imdevimab.

2. Dezember 2021: Interministerieller Erlass der Ministerien für Infrastruktur und Wirtschaft über den Ausgleich zugunsten von ANAS für die Minderung der Einnahmen für das Jahr 2020, die sich aus der Erhebung von Gebühren ergibt.

3. Dezember 2021: Das Parlament verabschiedet das Gesetz zur Umsetzung des „Kapazitätsbeschlusses".

1. Das Gesetzesdekret Nr. 139 vom 8. Oktober 2021 das dringende Bestimmungen zum Zugang zu Kultur-, Sport- und Freizeitaktivitäten sowie zur Organisation öffentlicher Verwaltungen und zum Schutz personenbezogener Daten enthält, wird mit den im Anhang zu diesem Gesetz aufgeführten Änderungen in ein Gesetz umgewandelt.
2. Dieses Gesetz tritt am Tag nach seiner Veröffentlichung im Amtsblatt in Kraft. Dieses mit dem Siegel des Staates versehene Gesetz wird in die offizielle Sammlung normativer Gesetze der Italienischen Republik aufgenommen. Es ist eine Verpflichtung für jeden, der dafür verantwortlich ist, es einzuhalten und dafür zu sorgen, dass es als Gesetz des Staates eingehalten wird.

3. Dezember 2021: Anordnung des Gesundheitsministeriums betreffend die Autonome Provinz Bozen in der gelben Zone. Dringende Maßnahmen zur Eindämmung und Bewältigung des Gesundheitsnotstands in der Autonomen Provinz Bozen.

1. Um der Ausbreitung des SARS-Cov-2-Virus entgegenzuwirken und diese einzudämmen, werden in der Autonomen Provinz Bozen für die Dauer von fünfzehn Tagen, vorbehaltlich einer Neuklassifizierung, die in der sogenannten „Gelben Zone" genannten Maßnahmen ergriffen; es werden Bestimmungen gemäß Art. angewendet. 9-bis, Absatz 2-bis, des Gesetzesdekrets vom 22. April 2021: n. 52, zuletzt geändert durch das Gesetzesdekret vom 26. November 2021: n. 172, in der Einleitung erwähnt.

3. Dezember 2021: Rundschreiben des Gesundheitsministeriums zur Einschätzung des Vorkommens der Covid-Varianten in Italien.

Am 26. November 2021: ECDC und WHO meldeten die Verbreitung einer neuen VOC-Variante der Pango B.1.1.529-Linie namens Omicron. Die ersten Hinweise wurden den Regionen und der PPAA mit der Mitteilung 54258 vom 26.11.2021 zum Thema „Verbreitung der neuen Variante VOC B.1.1.529 (Omicron)" übermittelt. Mit Stand vom 2. Dezember 2021 wurden in Italien vier Fälle der Omicron-Variante identifiziert, von denen drei im Zusammenhang mit einem ersten Fall bei einem aus Mosambik zurückkehrenden Reisenden stehen.

Variante B.1.1.529 weist im Vergleich zum Originalvirus eine hohe Anzahl an S-Genmutationen auf (A67V, D614G, D796Y, E484A, G142D, G339D, G446S, G496S, H69del, V70del, H655Y, ins214EPE, K417N, L212I, L981F, N211del, N440K, N501Y, N679K, N764K, N856K, N969K, P681H, Q493R, Q498R, Q954H, S371L, S373P, S375F, S477N, T95I, T478K, T547K, V143del, Y144del, Y 1 45del, Y505H) und zeigt ein Sgene target failure (SGTF) in der RT-PCR. Dieses Merkmal kann als Proxy zur schnellen Identifizierung für den Fall verwendet werden, dass nicht gleichzeitig andere Varianten mit demselben Merkmal im Umlauf sind.

Angesichts der Meldung neu auftretender Varianten werden zusätzlich zu den bereits im Rundschreiben Nr. 3787 empfohlenen Sequenzierungsaktivitäten vom 31.01.2021 „Update zur weltweiten Verbreitung der neuen SARSCoV2-Varianten, Risikobewertung und Kontrollmaßnahmen", auch im aktuellen technischen Dokument der WHO „Enhancing Readiness for Omicron (B.1.1.529): Technical Brief and Priority Actions for Member States erwähnt und vorrangige Maßnahmen für Mitgliedstaaten" (verfügbar

unter dem Link: https://www.who.int/publications/m/item/enhancingreadiness-for-omicron(b.1.1.529)-technical-brief-and-priority-actions-for-memberstates) ist es ratsam, regelmäßige Schnellerhebungen fortzusetzen, um die Verbreitung der zirkulierenden Varianten zu bewerten.
Im Anschluss an die bereits im Jahr 2021 durchgeführten Untersuchungen und angesichts des jüngsten Notfalls der VOC Omicron wurde daher eine Schnellumfrage konzipiert, die vom *Istituto Superiore di Sanità* in Zusammenarbeit mit den Regionen und der PPAA und insbesondere mit den von diesen identifizierten Laboren koordiniert wurde. Die Methodik wird im technischen Hinweis im Anhang ausführlich beschrieben. Bei dieser Bewertung werden die am 12.06.2021 gemeldeten Proben berücksichtigt, die Erstinfektionen entsprechen und mittels Genomsequenzierung analysiert werden sollen.

3. Dezember 2021: Ministerialerlass des Ministeriums für wirtschaftliche Entwicklung über die Erhöhung der finanziellen Ausstattung der „PON IC-Reserve" des Garantiefonds für KMU, um den Auswirkungen der epidemiologischen Notlage entgegenzuwirken.

6. Dezember 2021: Rundschreiben des Gesundheitsministeriums zur Klarstellung bezüglich der Verabreichung der Auffrischungsdosis bei bereits geimpften Personen mit einer früheren oder nachfolgenden Infektion.
Zum Abschluss der Grundimmunisierung wird außerdem Folgendes bekräftigt: - Bei Personen mit einer früheren SARS-CoV-2-Infektion, die nicht innerhalb von 12 Monaten nach der Genesung geimpft wurden, ist es ratsam, so schnell wie möglich mit einer Impfung fortzufahren für komplette Grundimmunisierung (zwei Dosen Zweidosis-Impfstoff oder eine Dosis Einzeldosis-Impfstoff); - Bei Personen, die sich inner-

halb des vierzehnten Tages nach der Verabreichung der ersten Impfdosis eine SARS-CoV-2-Infektion zugezogen haben, ist der Abschluss des Impfplans mit einer zweiten Dosis innerhalb von sechs Monaten (180 Tagen) nach der dokumentierten Infektion angezeigt . Anschließend, nach einem Mindestabstand von mindestens fünf Monaten (150 Tagen) nach dem so abgeschlossenen Grundimmunisierungszyklus, ist daher die Verabreichung einer Auffrischimpfung in den dafür zugelassenen Dosierungen angezeigt.

7. Dezember 2021: Interministerieller Erlass der Ministerien für Infrastruktur, wirtschaftliche Entwicklung und Wirtschaft über die Umsetzungsmodalitäten für die Entschädigung von Schäden, die Transportunternehmen aufgrund des Covid-Notstands erlitten haben.

10. Dezember 2021: Anordnung des Gesundheitsministeriums: Kalabrien und Friaul- Julisch Venetien in der gelben Zone.

11. Dezember 2021: Ministerialerlass des Wirtschaftsministeriums über die Methoden zur Überwachung und Kontrolle der zur Unterstützung der Wirtschaft genehmigten staatlichen Beihilfen.

13. Dezember 2021: Anordnung des Gesundheitsministeriums: Verlängerung der Verordnung vom 25. Februar 2021 über Notfallmaßnahmen bezüglich der Covid-Infektion bei Zuchtnerzen.

1. Die Gültigkeitsdauer der Verordnung des Gesundheitsministers vom 21. November 2020: verlängert mit der Verordnung vom 25. Februar 2021: wird ab dem 1. Januar 2022 um zwölf Monate verlängert.

2. Die Bestimmungen dieser Verordnung gelten für die Regionen mit Sondergesetzen und für die autonomen Provinzen Trient und Bozen im Einklang mit den jeweiligen Gesetzen und den dazugehörigen Ausführungsbestimmungen.
3. Diese Verordnung wird den zuständigen Aufsichtsbehörden zur Registrierung übermittelt und im Amtsblatt der Italienischen Republik veröffentlicht.

14. Dezember 2021: Verordnung des Gesundheitsministeriums: Neue Beschränkungen für Einreisende aus dem Ausland nach Italien.

16. Dezember 2021: Rundschreiben des Gesundheitsministeriums zur Klarstellung der Indikationen für die Verwendung des Impfstoffs Comirnaty (BioNTech-Pfizer) für die Altersgruppe von 5 bis 11 Jahren. Bei Kindern, die zwölf Jahre alt werden, nachdem sie eine erste Dosis des Comirnaty-Impfstoffs (BioNTech/Pfizer) in der Formulierung von 10 µg/Dosis in 0,2 ml erhalten haben, ist es möglich, die Grundimmunisierung unter Einhaltung der festgelegten Zeiten durch die Verabreichung einer zweiten Impfstoffdosis mit der gleichen Formulierung wie die erste Dosis durchzuführen. Darüber hinaus gelten im Falle einer bereits bestätigten SARS-CoV-2-Infektion oder im Falle einer Infektion nach Verabreichung der ersten Dosis die diesbezüglichen Hinweise für Probanden ab 12 Jahren weiterhin.

16. Dezember 2021: Rundschreiben des Gesundheitsministeriums zu den Indikationen für geimpfte Personen im Rahmen klinischer Studien mit experimentellen Impfstoffen in Italien. Es ist zu beachten, dass es auch für Probanden, die in Italien im Rahmen der klinischen Studie zur Anti-SARS-CoV2/CoViD-19-Impfung namens COVITAR mit dem Rei-

Thera-Impfstoff geimpft wurden, möglich sein wird, mit der Verabreichung einer Auffrischungsdosis fortzufahren mit mRNA-Impfstoff in den dafür zugelassenen Dosierungen mindestens 5 Monate nach der letzten erhaltenen Dosis. Die Verabreichung dieser Auffrischungsdosis ist für die Erteilung dem entsprechenden CoViD-19-Grüner Pass geeignet. In Bezug auf die Probanden, die an der Studie mit dem Namen CoViD-eVax-Takis teilnahmen und es sich um ein Placebo handelt wendet man die gleichen Regelungen für die im Ausland geimpften mit einem nicht bei EMA autorisierten Impfstoff an.

17. Dezember 2021: Anordnung des Gesundheitsministeriums: Ligurien, Marken, Venetien und Trentino-Südtirol in der gelben Zone.
Dringende Maßnahmen zur Eindämmung und Bewältigung des Gesundheitsnotstands in den Regionen Ligurien, Marken, Venetien und in der Autonomen Provinz Trient.
1. Zum Zwecke der Bekämpfung und Eindämmung der Ausbreitung des SARS-Cov-2-Virus in den Regionen Ligurien, Marken, Venetien und in der Autonomen Provinz Trient für einen Zeitraum von fünfzehn Tagen und in jedem Fall spätestens das Datum der Beendigung des Notfalls, sofern keine neue Einstufung erfolgt, die in der sogenannten „gelben Zone“ genannten Maßnahmen im Sinne von Art. 9-bis, Absatz 2-bis, des Gesetzesdekrets vom 22. April 2021: n. 52, zuletzt geändert durch das Gesetzesdekret vom 26. November 2021: n. 172, in der Einleitung erwähnt.

17. Dezember 2021: Dekret des Präsidenten des Ministerrats (DPCM): Änderungen des DPCM vom 17. Juni bezüglich Impfausweie.

17. Dezember 2021: Bevölkerungsschutzverordnung: Rentenvorauszahlung für den Monat Januar 2022. Urlaub für Mitarbeiter des Katastrophenschutzes.

17. Dezember 2021: Rundschreiben des Bildungsministeriums zu Klarstellungen zur Impfpflicht des Schulpersonals.

17. Dezember 2021: Interministerieller Erlass des Ministeriums für Infrastruktur und Wirtschaft über die Bestimmungen zur Zuweisung von Ressourcen an Hafenbehörden als Ausgleich für geringere Einnahmen aufgrund von CoViD-19.

18. Dezember 2021: Rundschreiben des Gesundheitsministeriums zur Stärkung der organisatorischen Maßnahmen zur Bewältigung der aktuellen Epidemiephase.

22. Dezember 2021: Beschluss des CIPESS (Interministerielles Komitee für Wirtschaftsplanung und nachhaltige Entwicklung) über die Zuweisung von Ressourcen an die Regionen im Rahmen der FSC-Fonds 2021-2027.

23. Dezember 2021: Rundschreiben des Gesundheitsministeriums zur Verlängerung der Gültigkeit der Befreiungsbescheinigungen von der Anti-Covid-Impfung. Die Gültigkeit und die Möglichkeit der Ausstellung der in den oben genannten Rundschreiben genannten Bescheinigungen über die Befreiung von der Anti-SARSCoV-2/CoViD-19-Impfung für die in der geltenden Gesetzgebung vorgesehenen Verwendungszwecke wird bis zum 31. Januar 2022 verlängert. Dies wird bestätigt und eine Neufreigabe der bereits ausgestellten Zertifizierungen ist nicht erforderlich.

23. Dezember 2021: Interministerieller Erlass des Ministeriums für Wirtschaftsentwicklung und Wirtschaft über die Kriterien und Methoden für die Auszahlung von Beiträgen an Unternehmen, die im Bereich der Gemeinschaftsverpflegung tätig sind.

24. Dezember 2021: Anordnung des Gesundheitsministeriums: Kalabrien und Friaul-Julisch Venetien in die gelbe Zone ausgeweitet.
Dringende Maßnahmen zur Eindämmung und Bewältigung des Gesundheitsnotstands in den Regionen Friaul-Julisch Venetien und Kalabrien

1. Um die Ausbreitung des SARS-Cov-2-Virus zu bekämpfen und einzudämmen, wird es für die Region Friaul-Julisch Venetien für einen Zeitraum von fünfzehn Tagen und in jedem Fall spätestens zum Datum der Beendigung des Ausnahmezustandes gilt (es sei denn es käme zu weiteren Ausnahmezuständen) die Verordnung des Gesundheitsministers vom 26. November 2021 für die Zwecke der Anwendung der in der sogenannten „gelben Zone" genannten Maßnahmen die in Art. genannten Bedingungen. 9-bis, Absatz 2-bis, des Gesetzesdekrets vom 22. April 2021: n. 52, geändert durch das Gesetzesdekret vom 26. November 2021: n. 172 und nachfolgende Änderungen.
2. Um der Ausbreitung des SARS-Cov-2-Virus entgegenzuwirken und diese einzudämmen, wird es für die Region Kalabrien für einen Zeitraum von fünfzehn Tagen und in jedem Fall spätestens ab dem Datum der Beendigung des Ausnahmezustands verlängert. Unbeschadet der Möglichkeit einer neuen Einstufung gilt die in der Einleitung genannte Verordnung des Gesundheitsministers vom 10. Dezember 2021 für die Zwecke der Anwendung der in der sogenannten „gelben Zone" genannten Maßnahmen in den genannten Bestimmungen in der Art. 9-bis, Absatz 2-

bis, des Gesetzesdekrets vom 22. April 2021: n. 52, geändert durch das Gesetzesdekret vom 26. November 2021: n. 172 und nachfolgende Änderungen.

24. Dezember 2021: Regierungserlass zur Verlängerung des Ausnahmezustands und Festlegung weiterer Maßnahmen zur Bekämpfung der Pandemie.

24. Dezember 2021: Rundschreiben des Gesundheitsministeriums zur Aktualisierung der Angaben zum Zeitintervall für die Verabreichung der „Booster"-Dosis.
Entsprechend der Verbreitung der Variante B1.1.529 (Omicron) besteht die absolute Priorität darin, sowohl allen, die den Grundimmunisierungszyklus noch nicht begonnen oder noch nicht abgeschlossen haben, als auch den Personen, die noch auf die zusätzliche Dosis warten (transplantiert und immungeschwächt), sowie den Personen, die anfälliger für schwere Formen von CoViD sind, umgehend maximalen Schutz zu bieten. Eine Auffrischungsimpfung ist mindestens nach 4 Monaten (120 Tagen) der letzten Impfung ratsam, speziell für Personen, die aufgrund ihres Alters oder ihrer hohen Gebrechlichkeit die Auffrischungsdosis noch nicht rechtzeitig erhalten haben.

24. Dezember 2021: Rundschreiben des Gesundheitsministeriums für eine weitere Ausweitung der Impfpopulation, die die Auffrischungsdosis („Booster") erhält.

28. Dezember 2021: AIFA legt die Definition der Methoden und Bedingungen für die Verwendung des antiviralen Arzneimittels „Lagevrio" (Molnupiravir) fest.

1. Das antivirale Mittel Molnupiravir (Lagevrio), hergestellt von Merck Sharp & Dohme B.V., wird zur Behandlung der Co-

ronavirus-Krankheit 2019 (CoViD-19) bei erwachsenen Patienten eingesetzt, die nicht wegen COVID-19 ins Krankenhaus eingeliefert wurden und bei denen vor kurzem eine leichte bis mittelschwere Erkrankung aufgetreten ist und die klinische Begleitumstände aufweisen, die spezifische Risikofaktoren für die Entwicklung einer schweren CoVid-19 darstellen. 2. Das in Absatz 1 genannte antivirale Mittel wird unter Einhaltung der folgenden Methoden verwendet:

a) Die Auswahl der Patienten wird Allgemeinmedizinern, USCA(R)-Ärzten und Hausärzten anvertraut, die die Möglichkeit haben, mit Patienten in Kontakt zu treten, die kürzlich an CoViD-19 erkrankt sind und leichte bis mittelschwere Symptome aufweisen, und sie schnell weiterzuleiten an die Einrichtung, in der sie verschrieben werden sollen, mit der Erstellung des Überwachungsregisters und der Verteilung des Arzneimittels, die gemäß den vom CTS festgelegten und im Register angegebenen Kriterien gemäß Art. 2 erfolgen muss;
b) die Verschreibungsfähigkeit des Arzneimittels ist auf Ärzte beschränkt, die innerhalb der von den Regionen für die Verabreichung festgelegten Strukturen tätig sind;
c) Die Verschreibung und Behandlung muß die Verabreichung des Produkts so früh wie möglich im Hinblick auf das Auftreten der Symptome gewährleisten, auf jeden Fall jedoch nicht später als fünf Tage nach dem Auftreten derselben.
d) Bei der Verwaltung der Behandlung berücksichtigen die Gesundheitsdienstleister die in den Anhängen 1 und 2 enthaltenen Informationen, die integraler Bestandteil dieser Entscheidung sind.

3. Die Festlegung des Weges, auf dem die für eine Behandlung in Frage kommenden Patienten ermittelt werden, bleibt den Bestimmungen der Regionen und autonomen Provinzen überlassen.

28. Dezember 2021: Interministerieller Erlass der Ministerien für Infrastruktur, Wirtschaft und Arbeit über die Durchführungsmodalitäten für die Befreiung von der Zahlung der gesetzlich geschuldeten Sozialversicherungs- und Sozialbeiträge zugunsten von Reedereien, die vorgesehen sind, um die negativen Covid Auswirkungen abzumildern.

29. Dezember 2021: Rundschreiben des Innenministeriums: Hinweise zur Anwendung des Gesetzesdekrets 221/2021.

29. Dezember 2021: Ministerialerlass des Verteidigungsministeriums zur Identifizierung der Begünstigten des Fonds zugunsten von Familienangehörigen von an Covid verstorbenen Angehörigen der Streitkräfte.

30. Dezember 2021: Rundschreiben des Gesundheitsministeriums zur Schätzung der Prävalenz von Covid-Varianten in Italien. Es werden weiterhin Kurzumfragen durchgeführt, um die Prävalenz von VOC-Varianten und anderen Varianten von SARS-CoV-2 in Italien abzuschätzen. Die Methodik dieser Schnellerhebung wird im technischen Hinweis im Anhang ausführlich beschrieben. Bei dieser Bewertung werden Proben aus am 3. Januar 2022 gemeldeten Fällen berücksichtigt, die Erstinfektionen entsprechen und durch Genomsequenzierung analysiert werden sollen.

30. Dezember 2021: Rundschreiben des Gesundheitsministeriums: Aktualisierung der Quarantäne- und Isolationsmaßnahmen nach der Verbreitung der Omicron-Variante.

1. Quarantäne und ihre alternativen Methoden. Die Quarantäne muss auf die unten angegebenen Kategorien und in der unten angegebenen Weise angewendet werden: Enge Kontakte (HOHES RISIKO) mit: 1) Personen, die nicht

geimpft wurden oder die den Grundimmunisierungskurs nicht abgeschlossen haben (d. h. nur eine Impfdosis erhalten haben) oder die Grundimmunisierung weniger als 14 Tage lang abgeschlossen haben: Die derzeit vorgesehene Quarantänemaßnahme für die Dauer von 10 Tagen ab der letzten Kontaktaufnahme mit dem Fall bleibt unverändert, am Ende dieses Zeitraums wird ein molekularer oder antigener Test durchgeführt 2) Probanden, die den Grundimmunisierungszyklus vor mehr als 120 Tagen abgeschlossen haben und noch über einen gültigen Grünen Pass verfügen, wenn sie asymptomatisch sind: Die Quarantäne dauert 5 Tage, vorausgesetzt, dass am Ende dieses Zeitraums ein molekularer oder antigener Test mit negativem Ergebnis durchgeführt wird. 3) Asymptomatische Personen, die die Auffrischungsdosis erhalten haben oder - die Grundimmunisierung in den letzten 120 Tagen abgeschlossen haben oder - sich in den letzten 120 Tagen von einer SARS-CoV-2-Infektion erholt haben, unterliegen keiner Quarantäne, ist aber verpflichtet, für mindestens 10 Tage ab der letzten Fallexposition Atemschutzgeräte des Typs FFP2 zu tragen. Die Selbstüberwachungsfrist endet am 5. Tag. Die Durchführung eines Schnelltests oder eines molekularen Antigentests zum Nachweis des SARS-CoV-2-Antigens wird voraussichtlich beim ersten Auftreten der Symptome und, falls noch symptomatisch, am fünften Tag danach durchgeführt. 4) Gesundheitspersonal muss bis zum fünften Tag nach dem letzten Kontakt mit einer infizierten Person täglich einen Abstrich machen. Für Kontakte mit GERINGEM RISIKO, die stets chirurgische oder FFP2-Masken getragen haben, ist keine Quarantäne erforderlich, die üblichen hygienisch-sanitären Vorsichtsmaßnahmen müssen jedoch eingehalten werden. Konnte die Verwendung der Maske nicht gewährleistet werden, müssen diese

Kontakte einer passiven Überwachung unterzogen werden.

2. Isolation. Bei infizierten Personen, die zuvor die Auffrischungsdosis erhalten haben oder die den Impfzyklus weniger als 120 Tage lang abgeschlossen haben, kann die Isolation von 10 auf 7 Tage verkürzt werden, sofern sie stets oder mindestens seit mindestens 120 Tagen asymptomatisch waren und unter der Bedingung, dass am Ende dieses Zeitraums ein molekularer oder Antigentest mit negativem Ergebnis durchgeführt wird.

30. Dezember 2021: Interministerieller Erlass der Ministerien für wirtschaftliche Entwicklung und Wirtschaft über die Kriterien und Methoden für die Auszahlung von Beiträgen an Unternehmen, die in den Bereichen „Hochzeiten", Unterhaltung und Organisation von Zeremonien sowie Gastgewerbe – Restaurant-Catering – tätig sind.

31. Dezember 2021: Anordnung des Gesundheitsministeriums: Latium, Ligurien, Lombardei, Marken, Piemont, Sizilien, Trentino-Südtirol und Venetien in der gelben Zone.
Dringende Maßnahmen zur Eindämmung und Bewältigung des Gesundheitsnotstands in den Regionen Latium, Lombardei, Piemont und Sizilien
1. Um der Ausbreitung des SARS-Cov-2-Virus entgegenzuwirken und diese einzudämmen, gelten die in der sogenannten „gelben Zone" genannten Maßnahmen für einen Zeitraum von fünfzehn Tagen in den Regionen Latium, Lombardei, Piemont und Sizilien, vorbehaltlich neuer Klassifikationen, im Sinne von Art. 9-bis, Absatz 2-bis, des Gesetzesdekrets vom 22. April 2021: n. 52, zuletzt geändert durch das Gesetzesdekret vom 30. Dezember 2021: n. 229.

31. Dezember 2021: Regierungserlass zu den neuen Regeln zum erweiterten Impfausweis, Quarantäne und Kapazität von Stadien und Veranstaltungsorten.

1. Vom 10. Januar 2022 bis zum Ende des epidemiologischen Notstands aufgrund von CoViD-19 dürfen nur Personen, die im Besitz der grünen CoViD-19-Zertifizierungen gemäß Artikel 9 Absatz 2 Buchstaben a), b) und c-bis), des Gesetzesdekrets Nr. 52 von 2021: sowie auf die in Artikel 9-bis, Absatz 3, erster Satz, des Gesetzesdekrets Nr. 52 von 2021: Zugang zu den folgenden Diensten und Aktivitäten:
   a) Hotels und andere Beherbergungseinrichtungen im Sinne von Artikel 9-bis, Absatz 1, Buchstabe a-bis) des Gesetzesdekrets Nr. 52 von 2021 sowie die darin erbrachten Catering-Dienstleistungen, auch wenn sie den dort untergebrachten Kunden vorbehalten sind;
   b) Feste und Messen, Tagungen und Kongresse im Sinne von Artikel 9-bis, Absatz 1, Buchstabe e) des Gesetzesdekrets Nr. 52 von 2021;
   c) Feierlichkeiten im Rahmen ziviler oder religiöser Zeremonien im Sinne von Artikel 9-bis, Absatz 1, Buchstabe g-bis) des Gesetzesdekrets Nr. 52 von 2021.
2. Ab dem 10. Januar 2022: in Artikel 9-quater des Gesetzesdekrets Nr. 52 von 2021: Im Bereich Transport wird die Einleitungszeile durch Folgendes ersetzt: „1. Bis zum Ende des epidemiologischen Ausnahmezustands aufgrund von CoViD-19 sind nur Personen zugelassen, die im Besitz der grünen CoViD-19-Zertifizierungen gemäß Artikel 9 Absatz 2 Buchstaben a), b) und c-bis) des Dekrets sind. Art. 52 von 2021: sowie auf die in Artikel 9-bis, Absatz 3, erster Satz, des Gesetzesdekrets Nr. genannten Themen. 52 von 2021: Zugang zu folgenden Verkehrsmitteln und deren Nutzung:".

3. Ab 10. Januar 2022:
a) in Artikel 9-bis Absatz 2-bis zweiter Satz des Gesetzesdekrets Nr. 52 von 2021: Die Wörter „von Catering-Dienstleistungen in Hotels und anderen Beherbergungsbetrieben, die ausschließlich den dort übernachtenden Kunden vorbehalten sind werden gestrichen;
b) in Artikel 6 Absatz 1 des Gesetzesdekrets vom 26. November 2021, Nr. 172 werden im zweiten Satz die Worte „der in Hotels und anderen Beherbergungsbetrieben bereitgestellten Leistungen, die ausschließlich den dort übernachtenden Kunden vorbehalten sind" gestrichen.
4. Die in Absatz 1 genannten Bestimmungen gelten in dem darin vorgesehenen Zeitraum auch für den Zugang und die Nutzung der folgenden Dienste und Aktivitäten:
a) Skilifte für touristisch-gewerbliche Zwecke, auch wenn sie in Skigebieten liegen;
b) Catering-Dienstleistungen im Freien;
c)Schwimmbäder, Schwimmzentren, Mannschafts- und Kontaktsportarten, Wellnesszentren für Outdoor-Aktivitäten;
d) Kulturzentren, Sozial- und Erholungszentren für Outdoor-Aktivitäten.
5. Ab dem 10. Januar 2022, Buchstabe e-bis) von Absatz 1 von Artikel 9-quater des Gesetzesdekrets Nr. 52 von 2021 wird aufgehoben.
6. In Artikel 5 Absatz 2 des Gesetzesdekrets vom 22. April 2021: n. 52, mit Änderungen umgewandelt durch das Gesetz vom 17. Juni 2021: n. 87 Satz 3 erhält folgende Fassung: „Im weißen Bereich ist der Zugang zu den im ersten Satz genannten Veranstaltungen und Wettbewerben nur Personen mit einer der in Artikel 9 Absatz 1 genannten grünen CoViD-19-Zertifizierungen gestattet." 2, Buchstaben a), b) und c-bis) und an die in Artikel 9-bis Absatz 3 Satz 1 genannten Personen und die zulässige Kapazität darf 50

Prozent im Freien und 35 Prozent im Innenbereich nicht überschreiten in Bezug auf die maximal zulässige Menge".

31. Dezember 2021: Bevölkerungsschutzverordnung: Erweiterung der Aufgaben des Gesundheitsministeriums zur Bekämpfung der Pandemie.

31. Dezember 2021: Interministerieller Erlass des Ministeriums für ökologischen Wandel und des Ministeriums für Wirtschaft über die Festlegung der Kriterien und Umsetzungsmethoden des Fonds zur Unterstützung von Unternehmen, die Abfallverwertungsanlagen betreiben, in Übereinstimmung mit dem vorübergehenden Rahmen für staatliche Unterstützungsbeihilfen in der aktuellen Notlage für CoViD-19.

1. Dieses Dekret legt die Methoden und Kriterien für die Umsetzung des Fonds gemäß Art. fest. 6-ter des Gesetzesdekrets vom 25. Mai 2021: n. 73, mit Änderungen umgewandelt durch das Gesetz vom 23. Juli 2021: n. 106, die in den Schätzungen des Ministeriums für ökologischen Wandel festgelegt wurde und darauf abzielte, Unternehmen zur Verwaltung von Abfallrecyclinganlagen zu unterstützen, die im letzten Jahr der Pandemiekrise von CoViD-19 trotz der durch den Rückgang verursachten Systemkrise weiterhin Schwierigkeiten hatten Nachfrage nach recyceltem Material.
2. Die im entsprechenden Kapitel der Voranschläge des Ministeriums für ökologischen Wandel aufgeführten Mittel werden für die Umsetzung der in diesem Dekret genannten Maßnahmen bereitgestellt, mit einer Dotation in Höhe von jeweils drei Millionen Euro für die Jahre 2021 und 2022.

2. Januar 2022: Rundschreiben des Innenministeriums mit Hinweisen zur Anwendung des Gesetzesdekrets 172/2021.

4. Januar 2022: Rundschreiben des Innenministeriums mit Hinweisen zur Anwendung des Gesetzesdekrets 229/2021.

5. Januar 2022: AIFA genehmigt die Auffrischungsdosis mit dem Comirnaty-Impfstoff für die Altersgruppe von 12 bis 15 Jahren.

> *Die AIFA genehmigt die Auffrischungsdosis mit dem Comirnaty-Impfstoff für die Altersgruppe der 12- bis 15-Jährigen.*
> *Die Technisch-Wissenschaftliche Kommission (CTS) der AIFA äußerte in der außerordentlichen Sitzung vom 5. Januar 2022 auf Ersuchen des Gesundheitsministeriums ihre positive Stellungnahme zur Möglichkeit, eine Auffrischimpfung auch für Probanden im Alter zwischen 12 und 15 Jahren bereitzustellen. In Analogie zu dem, was bereits für die Altersgruppe der 16- bis 17-Jährigen und für die gebrechlichen 12- bis 15-Jährigen festgelegt wurde, muss diese Auffrischungsimpfung mit dem Comirnaty-Impfstoff durchgeführt werden.*
> *Was den Abstand zwischen dem Grundimmunisierungszyklus und der Verabreichung der Auffrischungsdosis betrifft, hält es das CTS mangels spezifischer Daten für diese Altersgruppe für angemessen, die gleichen Kriterien wie bei Erwachsenen beizubehalten. Wie in jedem anderen Fall unterliegen auch bei dieser weiteren Ausweitung die Wirksamkeits- und Sicherheitsdaten einer ständigen Überwachung.*
> *Abschließend wird erneut darauf hingewiesen, dass das Hauptziel der Impfkampagne weiterhin der Abschluss des Grundimmunisierungszyklus für die gesamte berechtigte Bevölkerung ist.*

Sehr schwerwiegend ist, was in dem oben genannten AIFA-Dokument offengelegt wurde, in dem es heißt, dass das CTS der AIFA auf Ersuchen des Gesundheitsministeriums „seine positive Stellungnahme zur Möglichkeit geäußert hat, eine Auffrischimpfung auch für Probanden im Alter zwischen 12 Jahren bereitzustellen." In Analogie zu dem, was bereits für die Altersgruppe der 16- bis 17-Jährigen und für die fragilen Probanden der 12- bis 15-Jährigen festgestellt wurde. Was den Abstand zwischen dem Grundimmunisierungszyklus und der Verabreichung der Auffrischungsdosis betrifft, hält es das CTS mangels spezifischer Daten für diese Altersgruppe für angemessen, die gleichen Kriterien wie bei Erwachsenen beizubehalten." Daher ist trotz des Fehlens spezifischer Daten nicht klar, auf welcher Grundlage die AIFA-Kommission es für angemessen hielt, dieselben Kriterien beizubehalten.

5. Januar 2022: Rundschreiben des Gesundheitsministeriums zur Ausweitung der Empfehlung zur Auffrischungsdosis auf alle Probanden in der Altersgruppe von 12 bis 15 Jahren.
Es ist zu beachten, dass im Rahmen der Impfkampagne gegen SARS-CoV-2/CoViD-19 die Verabreichung einer Dosis des Comirnaty-Impfstoffs von BioNTech-Pfizer in einer Dosierung von 30 µg in 0,3 ml als Auffrischimpfung empfohlen wird (Booster), unabhängig vom dafür verwendeten Impfstoff und einschließlich der im Rundschreiben aufgeführten Fälle, Prot. 56052-06/12/2021-DGPRE, für alle Probanden im Alter von 12 bis 15 Jahren, wobei für Probanden ab 16 Jahren die gleichen Zeitpläne vorgesehen sind. Die bereits mit den Rundschreiben im Präsidium kommunizierten Prioritäten für den Zugang zu Impfungen behalten weiterhin ihre Gültigkeit. Darüber hinaus wird die Aktualisierung des von der AIFA herausgegebenen Informationsvermerks zum Comirnaty-Impfstoff (Anhang 1) verschickt.

7. Januar 2022: Regierungserlass Gesetz zur Impfpflicht für sogenannte „über 50-Jährige".

7. Januar 2022: Anordnung des Gesundheitsministeriums: Abruzzen, Kalabrien, Emilia Romagna, Friaul-Julisch Venetien, Toskana, Aosta Tal in der gelben Zone.

7. Januar 2022: Anordnung des Gesundheitsministeriums zur Ausweitung der FFP2-Maskenpflicht in Seilbahnen, Gondelbahnen und Sesselliften.

8. Januar 2022: Rundschreiben des Gesundheitsministeriums über die neuen Möglichkeiten zum Umgang mit Fällen von Covid-Positivität in Schulen.

9. Januar 2022: Verordnung des Gesundheitsministeriums über die Möglichkeit des Zugangs zu Verbindungsmöglichkeiten zu und von den kleineren Inseln mit einem einfachen Impfausweis für Studierende ab 12 Jahren aus nachgewiesenen gesundheitlichen Gründen.

13. Januar 2022: Rundschreiben des Innenministeriums mit Hinweisen zur Anwendung des Gesetzesdekrets 1/2022.
Die Strafen, die sich aus der Nichteinhaltung der oben genannten Impfpflicht ergeben, sind – auch für Personen, für die diese aufgrund früherer behördlicher Eingriffe bereits in Kraft war, deren Inhalt jedoch unverändert bleibt – ab dem 1. Februar des nächsten Jahres vollstreckbar und gelten als unverbindlich. Die Zuständigkeit liegt beim Gesundheitsministerium über die Steuerbehörden. Im Zusammenhang mit diesen Maßnahmen gilt der gleiche Art.1, indem in das oben genannte Gesetzesdekret 44/2021 der Artikel eingefügt wird. 4-quinquies legt fest, dass ab dem 15. Februar Personen über 50, egal ob es sich um öffentliche oder private Arbeitnehmer handelt, den „erweiterten" Impfausweis für den Zugang zum Arbeitsplatz besitzen und diesen vorzeigen müssen.

In diesem Zusammenhang ist zu beachten, dass der Besitz des „verstärkten" Impfausweises, dessen Überprüfung in der Verantwortung des Arbeitgebers liegt, eine wesentliche Voraussetzung für die Ausübung der Arbeitstätigkeit darstellt. Personen, die nicht über diese Bescheinigung verfügen, haben tatsächlich keinen Zutritt zum Arbeitsplatz und gelten als ungerechtfertigte Abwesenheit ohne disziplinarische Konsequenzen und mit dem Recht auf Aufrechterhaltung des Arbeitsverhältnisses bis zur Vorlage der oben genannten Bescheinigung, in jedem Fall jedoch bis zum 15. Juni 2022.
Für Tage ungerechtfertigter Abwesenheit ist kein Entgelt oder sonstige Vergütung wie auch immer deren Höhe, geschuldet.
In Fällen, in denen die Impfung berechtigterweise unterlassen oder aufgeschoben wird, gemäß dem oben genannten Artikel. 4-quater, Absatz 2, weist der Arbeitgeber den Interessenten auch ohne Abzug des Gehalts unterschiedliche Aufgaben zu, um die Risiken einer Verbreitung des Virus zu begrenzen.
Die Verhängung von Sanktionen im Zusammenhang mit der Nichtüberprüfung des Besitzes des „erweiterten" Impfausweises und des Zugangs zu Arbeitsplätzen bei Fehlen eines solchen Passes liegt in der Verantwortung der Präfekten, die dies unter Einhaltung der Bestimmungen tun, soweit dies vereinbar ist im Sinne des Gesetzes vom 24. November 1981, Nr. 689. Mit Art. 2 des Gesetzesdekrets 1 wird die Impfpflicht ab dem 1. Februar ohne Altersbeschränkung auch auf das Universitätspersonal, auf Einrichtungen höherer künstlerischer, musikalischer und tänzerischer Ausbildung sowie auf höhere technische Lehranstalten ausgeweitet.
Was nun die Ausweitung des Einsatzes der Impfausweise betrifft, so sieht Art. Art. 3 des Gesetzesdekrets 1 unter anderem vor, dass ab dem 20. Januar nächsten Jahres der Besitz des Basis-Impfausweises für den Zugang zu persönlichen Dienstleistungen und für persönliche visuelle Befragungen von Ge-

fangenen und Internierten erforderlich ist. Ebenso wird der Besitz der sogenannten ordentlichen Zertifizierung zu einer wesentlichen Voraussetzung für den Zugang zu öffentlichen Ämtern, Post-, Bank- und Finanzdienstleistungen sowie kommerziellen Aktivitäten, mit Ausnahme derjenigen, die zur Erfüllung wesentlicher und primärer Bedürfnisse der Person erforderlich sind – die mit dem Dekret des Präsidenten des Ministerrats identifiziert wird – beginnend mit dem Datum 1. Februar nächsten Jahres oder, falls abweichend, ab dem Datum des Inkrafttretens des oben genannten DPCM.

13. Januar 2022: Rundschreiben des Gesundheitsministeriums mit Hinweisen zum Wechsel von Covid-Fällen und engen Kontakten vom Isolations-/Quarantänestandort zu einem anderen Standort.

14. Januar 2022: Anordnung des Gesundheitsministeriums: Kampanien in gelber Zone, Aosta Tal in oranger Zone.
Dringende Maßnahmen zur Eindämmung und Bewältigung des Gesundheitsnotstands in den Regionen Latium, Ligurien, Lombardei, Marken, Piemont, Sizilien, Venetien und in den autonomen Provinzen Trient und Bozen.
1. Zur Bekämpfung und Eindämmung der Ausbreitung des SARS-Cov-2-Virus gilt für die Regionen Latium, Ligurien, Lombardei, Marken, Piemont, Sizilien, Venetien und die autonomen Provinzen Trient und Bozen die Anordnung des Gesundheitsministeriums vom 31. Dezember 2021: in der Einleitung ist erwähnt, dass der Zeitraum von fünfzehn Tagen verlängert wird, unbeschadet der Möglichkeit einer neuen Einstufung, mit anschließender Anwendung der in der sogenannten „gelben Zone" genannten Maßnahmen, im Sinne der geltenden Gesetzgebung und im Sinne der von Art. 9-bis, Absatz 2-bis, des Gesetzesdekrets vom 22. April 2021: n. 52.

14. Januar 2022: Anordnung des Gesundheitsministeriums: Latium, Ligurien, Lombardei, Marken, Piemont, Sizilien, Venetien und Trentino-Südtirol in der gelben Zone.

14. Januar 2022: Anordnung des Gesundheitsministeriums zur Lockerung der Beschränkungen für Reisende, die aus dem Ausland nach Italien einreisen.

18. Januar 2022: Rundschreiben des Gesundheitsministeriums zur Aktualisierung der Freigabe der Leistungssportberechtigung für genesene Laiensportler und Sportler mit Hinweissymptomen ohne Covid-Diagnose.

18. Januar 2022: Rundschreiben des Gesundheitsministeriums mit Hinweisen zur Gewährleistung der korrekten Durchführung sportlicher Wettkämpfe.

18. Januar 2022: Interministerieller Erlass des Innen- und des Wirtschaftsministeriums mit dem Ziel, die Familienangehörigen von an Covid verstorbenen Feuerwehrleuten und Polizeikräften als Empfänger einer wirtschaftlichen Zuwendung zu ermitteln.

1. In diesem Dekret werden die Maßnahmen für die Zuweisung des wirtschaftlichen Beitrags festgelegt, der zugunsten der Familienangehörigen des Personals der Staatspolizei, des Finanzschutzkorps, des Strafvollzugspolizeikorps und des Nationalen Feuerwehrkorps vorgesehen ist. Maßnahmen zur Eindämmung, Bekämpfung und Bewältigung des epidemiologischen Notfalls von CoViD-19, der sich während des Ausnahmezustands infolge der erbrachten Dienstleistungstätigkeit eine Pathologie zugezogen hat, deren Tod durch unmittelbare oder mitwirkende Ursache eingetreten ist und die Ansteckung durch CoViD-

19 gemäß Art. 74-bis des Gesetzesdekrets vom 25. Mai 2021: n. 73, mit Änderungen umgewandelt durch das Gesetz vom 23. Juli 2021: n. 106.
2. Für die alleinige Zwecke dieses Dekrets ist die Zuweisung des Beitrags zugunsten der Familienangehörigen des Personals der Carabinieri, die unter den in Absatz 1 genannten Umständen ums Leben gekommen sind, gemäß dem Dekret des Verteidigungsministers vorgesehen im Sinne von Art. 74-ter, Absatz 2, des Gesetzesdekrets Nr. 73/2021.

20. Januar 2022: Ministerialerlass des Gesundheitsministeriums zur Genehmigung des vorübergehenden Vertriebs der monoklonalen Antikörperkombination Evusheld.
1. Gemäß Art. 5, Absatz 2, des Gesetzesdekrets vom 24. April 2006, Nr. 219 ist bis zum Abschluss der Verfahren zur Marktzulassung der vorübergehende Vertrieb von Arzneimitteln zur Behandlung von CoViD-19 auf Basis der Kombination der monoklonalen Antikörper Evusheld (AZD7442) des Unternehmens AstraZeneca ohne Marktzulassung im Staatsgebiet und in Europa gestattet.
2. Die Verteilung der in Absatz 1 genannten Arzneimittel erfolgt durch den Außerordentlichen Kommissar für die Umsetzung und Koordinierung der Maßnahmen zur Eindämmung und Bekämpfung des in Artikel 1 genannten epidemiologischen Notfalls CoViD-19. 122 des Gesetzesdekrets vom 17. März 2020: n. 18, gemäß den von ihr definierten Methoden und Verfahren.
3. Mit nachfolgenden Bestimmungen legt die italienische Arzneimittelagentur die Methoden und Bedingungen für die Verwendung der in Absatz 1 genannten Arzneimittel gemäß dem von derselben Agentur genehmigten Produktinformationsblatt fest.

21. Januar 2022: Erlass des Präsidenten des Ministerrats DPCM mit der Liste der Aktivitäten, für deren Zugang kein Impfausweis erforderlich ist.

21. Januar 2022: Das Parlament wandelt das sogenannte „Super-Green-Pass-Dekret" in ein Gesetz um.

21. Januar 2022: Anordnung des Gesundheitsministeriums: Apulien und Sardinien in der gelben Zone; Abruzzen, Friaul-Julisch Venetien, Piemont und Sizilien in der orangen Zone.

21. Januar 2022: Anordnung des Gesundheitsministeriums zur Ausweitung der gelben Zone in Kalabrien, der Emilia Romagna und der Toskana.

21. Januar 2022: Anordnung des Katastrophenschutzes zur Vorauszahlung der Februar-März-Renten.

22. Januar 2022: Interministerieller Erlass des Innen- und des Wirtschaftsministeriums über die Verteilung des Fonds mit einer Dotierung von 12,95 Millionen Euro für das Jahr 2021: zum Ausgleich sind die Gemeinden mit geringeren Einnahmen befreit von der Gebühr von Konzessionsinhabern oder Genehmigungen bezüglich der Nutzung öffentlicher Grundstücke.
Der Fond von 12,95 Millionen Euro für das Jahr 2021: vorgesehen in Art. 65, Absatz 7 des Gesetzesdekrets vom 25. Mai 2021: n. 73 umgewandelt, mit Änderungen, durch das Gesetz vom 23. Juli 2021: n. 106 für Zwecke zur Verstärkung zugunsten der Gemeinden für die geringeren Einnahmen aus der Befreiung, vom 1. Januar 2021 bis 31. Dezember 2021: ab der Zahlung der in Art. 106 genannten Gebühr. 1, Absätze 816 und folgende, des Gesetzes vom 27. Dezember 2019, Nr. 160 von den Subjekten, die die in Art. genannten Tätig-

keiten ausüben. 1 des Gesetzes vom 18. März 1968, Nr. 337, Inhaber von Konzessionen oder Genehmigungen zur Nutzung öffentlicher Grundstücke, unter Berücksichtigung der Bestimmungen von Art. 4, Absatz 3-quater, des Gesetzesdekrets vom 30. Dezember 2019, Nr. 162, mit Änderungen umgewandelt durch das Gesetz vom 28. Februar 2020: n. 8, wird für 3.276.390,43 Euro ausbezahlt.

25. Januar 2022: Rundschreiben des Gesundheitsministeriums zur Verlängerung der Gültigkeit von Impfbefreiungsbescheinigungen.
Es wird darauf hingewiesen, dass die Gültigkeit der bereits ausgestellten und der neu ausgestellten Impfausnahmebescheinigung für die Anti- SARS-CoV-2/CoViD-19, die in den oben genannten Rundschreiben genannt werden, für die in den geltenden Verordnungen vorgesehen Verwendungszwecke bis zum 28. Februar 2022 verlängert wird: vorbehaltlich einer eventuellen vorzeitigen Beendigung dieser Bescheinigung des DPCM, das derzeit verabschiedet wird und auf das in Artikel 9-bis, Absatz 3 des Gesetzesdekrets Nr. 52 von 2021 und späterer Änderungen.

26. Januar 2022: Ministerkonferenz des Gesundheitsministeriums, die die Verlängerung der Genehmigung für den vorübergehenden Vertrieb von Arzneimitteln auf Basis des monoklonalen Antikörpers Bamlanivimab und den Vertrieb von Arzneimitteln auf Basis des monoklonalen Antikörpers Sotrovimab umsetzt.

1. Die Genehmigung für den vorübergehenden Vertrieb des monoklonalen Antikörpers Bamlanivimab und der Kombination aus monoklonalen Antikörpern Bamlanivimab und Etesevimab, hergestellt vom Pharmaunternehmen Eli Lilly, wird bis zum 31. Juli 2022 verlängert.

2. Die Verteilung der in Absatz 1 genannten Arzneimittel erfolgt durch den Außerordentlichen Kommissar für die Umsetzung und Koordinierung der Maßnahmen zur Eindämmung und Bekämpfung des in Artikel 1 genannten epidemiologischen Notfalls CoViD-19. 122 des Gesetzesdekrets vom 17. März 2020: n. 18, gemäß den von ihr definierten Methoden und Verfahren.
3. Die Methoden und Bedingungen für die Verwendung der in Absatz 1 genannten Arzneimittel werden von der italienischen Arzneimittelagentur gemäß dem von derselben Agentur genehmigten Produktinformationsblatt festgelegt.

27. Januar 2022: Regierungserlassgesetz, bekannt als „Ter-Support-Dekret".

27. Januar 2022: Anordnung des Gesundheitsministeriums zur Erweiterung der „covidfreien" Touristenkorridore.

28. Januar 2022: Anordnung des Gesundheitsministeriums zur Ausweitung der gelben Zone in Kampanien, Latium, Ligurien, der Lombardei, Marken, Venetien und Trentino-Südtirol sowie der orangen Zone im Aosta Tal.

28. Januar 2022: Rundschreiben des Gesundheitsministeriums zur Einschätzung der in Italien vorkommenden Covid-Varianten.

31. Januar 2022: Anordnung des Gesundheitsministeriums zur Maskenpflicht auch im Freien und zur Einstellung des Discobetriebes bis zum 10. Februar 2022.

1. Bis 10.02.2022 gilt: Auch in der weißen Zone ist es Pflicht, immer Atemschutzgeräte bei sich zu haben und diese in Innenräumen außer Privathäusern und an allen Orten im

Freien zu tragen. In jedem Fall bleiben die für wirtschaftliche, produktive, administrative und soziale Aktivitäten vorgesehenen Antiansteckungsprotokolle und -richtlinien sowie die Richtlinien für den Verzehr von Speisen und Getränken an öffentlichen oder öffentlich zugänglichen Orten vorbehalten.

2. Diese sind nicht verpflichtet, Atemschutzgeräte zu tragen:
   a) Kinder unter sechs Jahren;
   b) Personen mit Pathologien oder Behinderungen, die mit der Verwendung der Maske nicht vereinbar sind, sowie Personen, die mit einer behinderten Person kommunizieren müssen und die Maske nicht verwenden können;
   c) Probanden, die sportliche Aktivitäten ausüben.
3. Auf die Bestimmungen zur Verwendung von Atemschutzgeräten kann in jedem Fall nur unter Anwendung der vom technisch-wissenschaftlichen Ausschuss validierten Protokolle verzichtet werden.

4) Die Verwendung des Atemschutzgeräts integriert und ersetzt nicht andere Maßnahmen zum Schutz vor Ansteckung wie z. B. zwischenmenschliche Distanzierung und ständige und sorgfältige Händehygiene.

31. Januar 2022: AIFA-Entscheidung zur Einstufung des Humanarzneimittels „Paxlovid", genehmigt im zentralisierten Verfahren.

1. Die Verpackung des folgenden neu zugelassenen Humanarzneimittels, zusammen mit der Nummer der Marktzulassung und der Klassifizierung für Lieferzwecke: PAXLOVID, detailliert beschrieben in der Anlage ist Bestandteil dieser Bestimmung und befindet sich in einem Teil der Sektion Art. 12, Absatz 5, des Gesetzesdekrets vom 13. September 2012, Nr. 158, umgewandelt durch Gesetz vom 8. November 2012, Nr. 189, genannt Klasse C (nn), welches den Arzneimitteln

gewidmet ist, die noch nicht für Erstattbarkeit bewertet wurden.

2. Der Zulassungsinhaber muss vor Beginn der Vermarktung, sofern vorgesehen, die Bedingungen oder Einschränkungen hinsichtlich der sicheren und wirksamen Verwendung des Arzneimittels eingehalten haben und der AIFA – HTA-Sektor und Arzneimittelwirtschaft – den Preis ab Werk mitteilen, den Einzelhandelspreis und das Startdatum der Vermarktung des Arzneimittels.
3. Für die in Absatz 3 Art. 12 des Gesetzesdekrets Nr. 158/2012, umgewandelt durch Gesetz Nr. 189/2012, die Einstufung in die Klasse C (nn), auf die in dieser Entscheidung Bezug genommen wird, automatisch, wenn der Antrag auf Einstufung in den Erstattungsbereich nicht innerhalb einer Frist von dreißig Tagen nach der Mahnung der AIFA gemäß Art. 189/2012 eingereicht wird. 12, Absatz 5-ter, desselben Dekrets, mit der Folge, dass das Arzneimittel nicht weiter vermarktet werden darf.
4. Dieser Beschluss tritt am Tag nach seiner Veröffentlichung im Amtsblatt in Kraft.
   Rom, 31. Januar 2022

2. Februar 2022: Rundschreiben des Bildungsministeriums zu den Hinweisen zur Anwendung der im Gesetzesdekret 4/2022 enthaltenen Regeln.

3. Februar 2022: Entscheidung der AIFA über die Festlegung der Methoden und Bedingungen für die Anwendung des antiviralen Mittels Paxlovid.

1. Das antivirale Mittel PF-07321332+Ritonavir (PAXLOVID), hergestellt von der Firma Pfizer Europe MA EEIG, wird zur Behandlung der Coronavirus-Krankheit 2019 (CoViD-19) bei Erwachsenen eingesetzt, die keine zusätzliche Sauer-

stofftherapie benötigen und bei denen ein hohes Risiko zum Fortschreiten zu schwerem CoViD-19 besteht.

2. Das in Absatz 1 genannte antivirale Mittel wird unter Einhaltung der folgenden Methoden verwendet:
   a) Die Auswahl der Patienten wird Allgemeinmedizinern, USCA(R)-Ärzten und Allgemeinen Ärzten anvertraut, die die Möglichkeit haben, mit Patienten in Kontakt zu treten, die von einem kürzlich aufgetretenen Covid-Ausbruch betroffen sind und leichte bis mäßige Symptome aufweisen, und die schnell weiterleiten an die Einrichtung, in der die Verschreibung erfolgen soll, mit der Erstellung des Überwachungsregisters und der Verteilung des Arzneimittels, die in Übereinstimmung mit den vom CTS festgelegten und im Register angegebenen Kriterien gemäß Art. 2;
   b) die Verschreibungsfähigkeit des Arzneimittels ist auf Ärzte beschränkt, die innerhalb der von den Regionen für die Verabreichung festgelegten Strukturen tätig sind;
   c) Die Verschreibung und Behandlung soll die Verabreichung des Produkts so früh wie möglich im Hinblick auf das Auftreten der Symptome gewährleisten, auf jeden Fall jedoch nicht später als fünf Tage nach dem Auftreten derselben.
3. Die Festlegung der Art und Weise, auf dem die für eine Behandlung in Frage kommenden Patienten ermittelt werden, bleibt den Bestimmungen der Regionen und autonomen Provinzen überlassen.

4. Februar 2022: Regierungserlassgesetz zu neuen Covid-Regeln im schulischen Umfeld.

4. Februar 2022: Anordnung des Gesundheitsministeriums: Kalabrien, Emilia Romagna, Apulien, Sardinien und Toskana in der gelben Zone; Friaul-Julisch Venetien, Marken, Piemont und Sizilien in der orangen Zone.

4. Februar 2022: Erlass des Präsidenten des Ministerrats im Einvernehmen mit den Ministerien für Gesundheit, technologische Innovation und Wirtschaft zur Festlegung der technischen Spezifikationen für die Verarbeitung von Impfbefreiungsbescheinigungen im digitalen Modus.

4. Februar 2022: Rundschreiben des Gesundheitsministeriums zur Aktualisierung der Quarantäne- und Selbstüberwachungsmaßnahmen für enge (Hochrisiko-)Kontakte.
Es wird dargelegt, dass vorbehaltlich der Bereitstellung einer Selbstüberwachung für diejenigen, die die Auffrischungsdosis erhalten oder die Grundimmunisierung innerhalb von 120 Tagen abgeschlossen haben, oder die sich innerhalb von 120 Tagen erholt haben oder die sich nach Abschluss der Grundimmunisierung erholt haben, für alle anderen Fälle gilt die Quarantäne für enge Kontakte 5 Tage mit einem negativen Antigen- oder Molekulartest bei der Ausreise. Die Indikationen für die Quarantänemaßnahme für die folgenden Kategorien werden daher wie folgt aktualisiert: enge Kontakte (HOHES RISIKO). Für folgende Kontakte: 1. asymptomatische Personen, die nicht geimpft wurden oder die die Grundimmunisierungsserie nicht abgeschlossen haben (d. h. nur eine der beiden geplanten Impfstoffdosen erhalten haben) oder die die Grundimmunisierungsserie vor weniger als 14 Tagen abgeschlossen haben und 2. asymptomatische Personen, die die Grundimmunisierung abgeschlossen haben oder sich von einer früheren SARS-CoV-2-Infektion über mehr als 120 Tage erholt haben, ohne die Auffrischungsdosis erhalten zu haben, gilt für den positiven Fall die Quarantänemaßnahme von 5 Tagen ab dem letzten Kontakt. Voraussetzung für die Beendigung ist das negative Ergebnis eines nach Ablauf dieser Frist durchgeführten Schnelltests oder molekularen Antigentests. Sollten während der Quarantänezeit Symptome auftreten, die

auf eine mögliche SARS-CoV-2-Infektion hinweisen, wird eine sofortige Diagnostik empfohlen. Darüber hinaus besteht die Pflicht zum Tragen von FFP2-Schutzgeräten für die fünf Tage nach Ende der vorsorglichen Quarantäne. Für asymptomatische enge Kontaktpersonen, die die Auffrischungsdosis erhalten haben, oder - die Grundimmunisierung in den letzten 120 Tagen abgeschlossen haben oder - sich in den letzten 120 Tagen von einer SARS-CoV-2-Infektion erholt haben oder - sich nach Abschluss der Grundimmunisierung erholt haben. Es gibt keine Quarantäne und die Maßnahme ist Selbstüberwachungsmaßnahme für 5 Tage. Die Durchführung eines Schnell- oder molekularen Antigentests zum Nachweis von SARS-CoV-2 wird notwendig beim ersten Auftreten von Symptomen und, falls weiterhin Symptome auftreten, am fünften Tag nach dem Datum des letzten engen Kontakts mit bestätigt positiven Probanden durchgeführt. Bei Covid-19 besteht die Pflicht zum Tragen von Atemschutzgeräten des Typs FFP2 für mindestens 10 Tage ab dem letzten Kontakt, oder für diejenigen die in den letzten 120 Tagen von einer SARS-CoV-2-Infektion genesen sind, oder für diejenigen die nach Abschluss des Grundschulzyklus genesen sind, besteht keine Quarantäne und es gilt die 5-tägige Selbstüberwachungsmaßnahme. Die Durchführung eines Schnell- oder molekularen Antigentests zum Nachweis von SARS-CoV-2 wird notwendig beim ersten Auftreten von Symptomen und, falls weiterhin Symptome auftreten, am fünften Tag nach dem Datum des letzten engen Kontakts mit bestätigt positiven Probanden durchgeführt. Bei Covid-19 besteht die Pflicht zum Tragen von Atemschutzgeräten des Typs FFP2 für mindestens 10 Tage ab dem letzten Kontakt, oder für diejenigen die in den letzten 120 Tagen von einer SARS-CoV-2-Infektion genesen sind, oder für diejenigen die nach Abschluss des Grundschulzyklus genesen sind, besteht keine Quarantäne und es gilt die 5-tägige Selbstüberwachungsmaßnahme. Die Durchführung eines Schnell- oder molekularen Antigentests zum Nachweis von SARS-CoV-2 wird notwendig beim ersten Auftreten von Symptomen und, falls weiterhin Symptome auftreten, am fünften Tag nach dem Datum des letzten engen Kontakts mit bestätigt positiven Probanden besteht die Pflicht zum Tragen von Atemschutzgeräten des Typs FFP2 für mindestens 10 Tage.

4. Februar 2022: Rundschreiben des Gesundheitsministeriums über die Maßnahmen, die in Schulen bei Vorliegen positiver Fälle des CoViD-19-Virus anzuwenden sind.

4. Februar 2022: Interministerielle Verordnung des Gesundheitsministeriums, des Arbeitsministeriums und des Ministeriums für öffentliche Verwaltung zur Festlegung von chronischen Erkrankungen mit geringem klinischen Ausgleich und besonderer Schwere, bei deren Vorliegen bis zum 28. Februar 2022 die Arbeitsleistung normalerweise im Homeoffice erbracht wird.

7. Februar 2022: Verordnung des Gesundheitsministeriums, die die Hinweise zur Prävention und zum Schutz vor der Ansteckungsgefahr durch CoViD-19 bei der Organisation der Veranstaltungen mit dem Titel „Mediterraneo, frontiera di pace. Incontro di riflessione e di spiritualità" und die „Conferenza Internazionale dei sindaci – Mar Mediterraneo ponte per il dialogo".

8. Februar 2022: Anordnung des Gesundheitsministeriums zur Aufhebung der Maskenpflicht im Freien ab 11. Februar mit gleichzeitiger Verlängerung der Maskenpflicht in Innenräumen bis zum 31. März.

1. Bis zum 31. März 2022 ist im gesamten Staatsgebiet das Tragen von Atemschutzgeräten in Innenräumen außer Privatwohnungen verpflichtend.
2. Unbeschadet anderweitiger Bestimmungen spezifischer Gesetze oder spezifischer Gesundheitsprotokolle oder -richtlinien ist es an Orten im Freien im gesamten Staatsgebiet Pflicht, immer Atemschutzgeräte bei sich zu haben und diese überall dort zu tragen, wo Versammlungen oder Menschenansammlungen stattfinden.
3. Sie sind nicht verpflichtet, Atemschutzgeräte zu tragen:
   a) Kinder unter sechs Jahren;
   b) Personen mit Pathologien oder Behinderungen, die mit der Verwendung der Maske nicht vereinbar sind, sowie Personen, die mit einer behinderten Person kommunizieren müssen und die Maske nicht verwenden können;
   c) Probanden, die sportliche Aktivitäten ausüben.
4. Die in Absatz 1 genannte Verpflichtung besteht nicht, wenn aufgrund der örtlichen Gegebenheiten oder der tatsächlichen Umstände eine dauerhafte Absonderung von nicht zusammenlebenden Personen gewährleistet ist. In jedem Fall bleiben die für wirtschaftliche, produktive, administrative und soziale Aktivitäten vorgesehenen Antiansteckungsprotokolle und -richtlinien sowie die Richtlinien für den Verzehr von Speisen und Getränken an öffentlichen oder öffentlich zugänglichen Orten vorbehalten.
5. Auf die Bestimmungen über die Verwendung von Atemschutzgeräten kann in jedem Fall nur unter Anwendung der vom technisch-wissenschaftlichen Ausschuss validierten Protokolle verzichtet werden.
6. Der Einsatz des Atemschutzgerätes integriert die übrigen Maßnahmen zum Schutz vor Ansteckung und ersetzt diese nicht. Art. 2 1. Diese Verordnung gilt vom 11. Februar 2022 bis zum 31. März 2022. 2. Die Bestimmungen dieser

Verordnung gelten auch für die Regionen mit Sondergesetzen und für die autonomen Provinzen Trient und Bozen. Diese Verordnung wird den Aufsichtsbehörden übermittelt und im Amtsblatt der Italienischen Republik veröffentlicht.

10. Februar 2022: Rundschreiben des Gesundheitsministeriums zur häuslichen Betreuung von Patienten mit Covid – Aktualisierung.

11. Februar 2022: Anordnung des Gesundheitsministeriums: Kampanien, Latium, Ligurien, Lombardei, Molise, Venetien und Trentino-Südtirol in der gelben Zone; Sizilien im weißen Bereich; Aosta Tal im orangefarbenen Bereich.

11. Februar 2022: Entscheidung der AIFA zur Änderung der Entscheidung Nr. 697 vom 14. Juni 2021: betreffend: „Änderung der Definition der Methoden und Bedingungen für die Verwendung des monoklonalen Antikörpers Bamlanivimab-Etesevimab".
Anhang 1 (Informationen für medizinisches Fachpersonal), Punkt 6.3 (Gültigkeitsdauer), der AIFA-Entscheidung Nr. DG/697 vom 14. Juni 2021: in der Einleitung erwähnt, wird durch Folgendes ersetzt: „Die Gültigkeit beträgt achtzehn Monate, wenn die Durchstechflaschen mit Bamlanivimab bei einer Temperatur zwischen 2 °C und 8 °C gelagert werden." Die Haltbarkeitsdauer beträgt zwölf Monate, wenn Etesevimab-Durchstechflaschen bei 2 °C bis 8 °C gelagert werden."

15. Februar 2022: Beschluss der AIFA zur Festlegung der Methoden und Nutzungsbedingungen der Vereinigung monoklonaler Antikörper Evusheld.

1. Die monoklonale Antikörperkombination Evusheld (AZD7442; Tixagevimab-Cilgavimab), hergestellt von der

Firma AstraZeneca, wird zur Präexpositionsprophylaxe von CoViD-19 bei stark geschwächten Personen ab 12 Jahren des Immunsystems und bei Vorliegen von CoViD-19 eingesetzt und in Präsenz von negativer Serologie.

2. Die in Absatz 1 genannte Kombination monoklonaler Antikörper wird unter Einhaltung der folgenden Methoden verwendet:
   a) Die Patientenauswahl wird Allgemeinärzten, frei wählbaren Kinderärzten, USCA(R)-Ärzten und generell allen Ärzten anvertraut, die die Möglichkeit haben, Patienten zu identifizieren, die einer Vorexposition gegenüber dem Sars-Cov2-Virus bedürfen, in Übereinstimmung mit dem Vom CTS festgelegte und im Überwachungsregister angegebene Kriterien gemäß Art. 2;
   b) die Verschreibungsfähigkeit des Arzneimittels ist auf Ärzte beschränkt, die innerhalb der für die Verabreichung vor Ort ausgewiesenen Strukturen tätig sind;
   c) Es wird eine Behandlung in einem Krankenhaus oder auf jeden Fall in einer Umgebung empfohlen, die eine schnelle und angemessene Behandlung schwerwiegender Nebenwirkungen ermöglicht.
   d) Bei der Verwaltung der Behandlung berücksichtigen die Gesundheitsdienstleister die in den Anhängen 1 und 2 enthaltenen Informationen, die integraler Bestandteil dieser Entscheidung sind.
3. Die Festlegung des Weges, auf dem die für eine Behandlung in Frage kommenden Patienten ermittelt werden, bleibt den Bestimmungen der Regionen und autonomen Provinzen überlassen.

15. Februar 2022: Interministerieller Erlass der Ministerien für Inneres, Wirtschaft und Gesundheit über die Gewährung von Beiträgen in Höhe von 1,5 Millionen Euro zugunsten der Gemeinden Lampedusa und Linosa, Porto Empedocle, Pozzallo und Caltanissetta, Messina, Siculiana, Augusta, Pantelleria und Trapani, für das Jahr 2021: Ziel ist es, den Bedürfnissen im Zusammenhang mit der Eindämmung der Ausbreitung von CoViD-19 gerecht zu werden und die regelmäßige Steuerung der Migrationsströme, auch im Gesundheitsbereich, sicherzustellen.

18. Februar 2022: Das Parlament wandelt das Dekret zur Verlängerung des Ausnahmezustands in ein Gesetz um.

18. Februar 2022: Anordnung des Gesundheitsministeriums zur Erweiterung der gelben Zone in Kalabrien, Emilia Romagna, Apulien, Sardinien, Toskana, Abruzzen, Marken, Piemont und Aosta Tal in der gelben und orangen Zone in Friaul-Julisch Venetien .

20. Februar 2022: Rundschreiben des Gesundheitsministeriums mit Hinweisen zur Verabreichung der Auffrischungsdosis bei Personen mit deutlicher Beeinträchtigung der Immunantwort, die bereits eine zusätzliche Dosis erhalten haben.
Unter Berücksichtigung der aktuellen epidemiologischen Situation, die weiterhin eine hohe Verbreitung des SARS-CoV-2-Virus im gesamten Staatsgebiet verzeichnet, unter Berücksichtigung der aktuellen Erkenntnisse, dass angesichts einer Verringerung der Schutzwirkung und der Dauer der Impfung nach der Grundimmunisierung Impfzyklus gegen die Omicron-Variante zeigen jedoch ein hohes Maß an Wirksamkeit und Sicherheit der Auffrischungsdosis bei der Verhinderung symptomatischer Formen, Krankenhausaufenthalte und Todesfälle im Zusammenhang mit CoViD-19, wie aus der Stellungnahme des AIFA CTS vom 18. Februar 2022 hervorgeht: in mit einer Aussicht zur weiteren Festigung der Durchimpfungsrate und unter Wahrung des Grund-

satzes der größtmöglichen Vorsorge für Personen mit deutlicher Beeinträchtigung der Immunantwort, bei Ursachen, die mit der zugrunde liegenden Pathologie oder pharmakologischen Behandlungen zusammenhängen, und bei Personen, die sich einer Organtransplantation unterziehen, wird die Verabreichung einer Dosis mRNA-Impfstoff als Auffrischungsimpfung (Booster) eines Grundimmunisierungszyklus, aufgeteilt in drei Dosen empfohlen (Standard-Grundimmunisierungszyklus plus, zusätzliche Dosis mindestens 28 Tage nach der letzten Dosis) in für diesen Zweck zugelassenen Dosierungen (30 µg in 0,3 ml für Comirnaty bei Probanden ab 12 Jahren; 50 µg in 0,25 ml für Spikevax bei Probanden ab 18 Jahren), vorausgesetzt, dass seit der zusätzlichen Dosis ein Mindestintervall von 120 Tagen vergangen ist, als Auffrischungsimpfung eines Grundimmunisierungszyklus, aufgeteilt in drei Dosen (Standard-Grundimmunisierungszyklus plus zusätzliche Dosis mindestens 28 Tage nach der letzten Dosis), in den für diesen Zweck zugelassenen Dosierungen (30 µg in 0,3 ml für Comirnaty bei Probanden im Alter von 12 Jahren und älter; 50 µg in 0,25 ml für Spikevax bei Personen ab 18 Jahren), vorausgesetzt, dass seit der zusätzlichen Dosis ein Mindestintervall von 120 Tagen vergangen ist, als Auffrischungsimpfung eines Grundimmunisierungszyklus, aufgeteilt in drei Dosen (Standard-Grundimmunisierungszyklus plus zusätzliche Dosis mindestens 28 Tage nach der letzten Dosis), in den für diesen Zweck zugelassenen Dosierungen (30 µg in 0,3 ml für Comirnaty bei Probanden im Alter von 12 Jahren und älter; 50 µg in 0,25 ml für Spikevax bei Personen ab 18 Jahren), vorausgesetzt, dass seit der zusätzlichen Dosis ein Mindestintervall von 120 Tagen vergangen ist.

20. Februar 2022: Rundschreiben des Gesundheitsministeriums mit Hinweisen zur Verwendung des Novavax-Impfstoffs bei Personen ab 18 Jahren.

22. Februar 2022: Anordnung des Gesundheitsministeriums zur Aussetzung der Quarantänepflicht für Einreisende aus Nicht-EU-Ländern nach Italien.

25. Februar 2022: Anordnung des Gesundheitsministeriums: Erweiterung der gelben Zone in Latium, Ligurien, Molise, Sizilien, Friaul-Julisch Venetien und in der autonomen Provinz Trient; Kampanien, Lombardei, Venetien und die autonome Provinz Bozen im weißen Bereich.

1. März 2022: Anordnung des Katastrophenschutzes zur Verlängerung der Aktivitäten des Kontaktzentrums der ersten Stufe (öffentliche Versorgungsnummer 1500) bis zum 31. März 2022.

2. März 2022: Erlass des Präsidenten des Ministerrats (DPCM) zur Aktualisierung der Verfahren zur Überprüfung der Impfpflicht und des Impfpasses.

2. März 2022: Erlass des Präsidenten des Ministerrats (DPCM) über die Änderungen, die am Erlass des Ministerpräsidenten vom 17. Juni 2021 in Bezug auf Impfpässe vorzunehmen sind.

4. März 2022: Das Parlament setzt den Erlass zur Impfpflicht für über 50-Jährige in ein Gesetz um.

4. März 2022: Verordnung des Gesundheitsministeriums: Abruzzen, Piemont und die autonome Provinz Trient im weißen Bereich; Erweiterung der gelben Zone in Kalabrien, Emilia Romagna, Marken, Apulien, Sardinien, Toskana und Aosta Tal.

4. März 2022: Rundschreiben des Gesundheitsministeriums mit der Schätzung der Prävalenz von Covid-Varianten in Italien.

11. März 2022: Verordnung des Gesundheitsministeriums: Emilia Romagna, Friaul-Julisch Venetien, Ligurien, Molise, Apulien, Sizilien, Toskana und Aosta Tal im weißen Bereich; Erweiterung der gelben Zone in Latium.

17. März 2022: Rundschreiben des Gesundheitsministeriums mit einem technischen Bericht über Sequenzierungsstrategien zur Identifizierung von SARS-CoV-2-Varianten und die Überwachung ihrer Verbreitung in Italien – vorläufige Indikationen.

18. März 2022: Anordnung des Gesundheitsministeriums: Kalabrien, Latium und Marken in der gelben Zone; Sardinien geht in die gelbe Zone.

18. März 2022: AIFA-Entscheidung über die Erweiterung der therapeutischen Indikationen und Änderung des Dosierungsplans des Spikevax-Impfstoffs (Moderna).
Erweiterung der Indikationen und Änderung des Dosierungsplans. Die Änderungen der Punkte 4.1 und 4.2 der Zusammenfassung der Merkmale des Arzneimittels und des entsprechenden Teils der Packungsbeilage des mRNA-Anti-CoViD-19-Impfstoffs namens „Spikevax" sind wie folgt zulässig:
„Spikevax" ist zur aktiven Immunisierung zur Vorbeugung von CoViD-19, einer durch das SARS-CoV-2-Virus verursachten Krankheit, bei Personen ab 6 Jahren indiziert. Die Verwendung dieses Impfstoffs sollte den offiziellen Empfehlungen entsprechen.
Auffrischungsdosis bei Erwachsenen ab 18 Jahren „Die Auffrischungsdosis von „Spikevax" (0,25 ml mit 50 Mikrogramm mRNA (d. h. die Hälfte der Primärdosis) muss mindestens drei Monate nach Abschluss der Grundimmunisierung angewendet werden. „Spikevax" kann verwendet werden als Auf-

frischimpfung bei Erwachsenen, die zuvor eine Grundimmunisierung mit „Spikevax“ oder eine Grundimmunisierung mit einem anderen mRNA-Impfstoff oder einem adenoviralen Vektorimpfstoff erhalten haben.
Zugelassene Verpackung: EU/1/20/1507/001 AIC: 049283017/E In Basis 32: 1GZZY9 0,5 ml – Dispersion zur Injektion – Durchstechflasche zur intramuskulären Anwendung (Glas) 5 ml (10 Dosen à 0,5 ml) – 10 Mehrfachdosis-Durchstechflaschen (100 Dosen).

18. März 2022: AIFA-Entscheidung zur Änderung des Dosierungsschemas des Comirnaty-Impfstoffs (Pfizer).
Der Dosierungsplan des BNT162b2-Anti-CoViD-19-mRNA-Impfstoffs namens COMIRNATY wird wie folgt geändert: „Es ist möglich, Personen im Alter von 12 Jahren mindestens 6 Monate nach der zweiten Dosis eine Auffrischungsdosis (dritte Dosis) von Comirnaty intramuskulär zu verabreichen.“
Autorisierte Pakete:
EU/1/20/1528/001 – AIC: 049269018/E – In Base 32: 1GZL8U: 30 µg – Konzentrat zur Herstellung einer Injektionsdispersion – intramuskuläre Anwendung – Durchstechflasche (Glas) 0,45 ml (6 Dosen) – 195 Mehrfachdosis-Durchstechflaschen (1170 Dosen);
EU/1/20/1528/002 – AIC: 049269020/E – In Base 32: 1GZL8W: 30 µg – Dispersion zur Injektion – intramuskuläre Anwendung – Durchstechflasche (Glas) 2,25 ml (6 Dosen) – 10 Mehrfachdosis-Durchstechflaschen (60 Dosen);
EU/1/20/1528/003 – AIC: 049269032/E – In Basis 32: 01GZL8: 30 µg – Dispersion zur Injektion – intramuskuläre Anwendung – Durchstechflasche (Glas) 2,25 ml (6 Dosen) – 195 Mehrfachdosis-Durchstechflaschen (1170 Dosen);
EU/1/20/1528/004 – AIC: 049269044/E – Basierend auf 32: 01GZLN: 10 µg – Konzentrat zur Herstellung einer Injekti-

onsdispersion – intramuskuläre Anwendung – Durchstechflasche (Glas) 1,3 ml (10 Dosen) – 10 Mehrfachdosis-Durchstechflaschen (100 Dosen);
EU/1/20/1528/005 – AIC: 049269057/E – In Base 32: 1GZLB1: 10 µg – Konzentrat zur Dispersion zur Injektion – intramuskuläre Anwendung – Fläschchen (Glas) 1,3 ml (10 Dosen) – 195 Mehrfachdosisfläschchen (1950 Dosen).

18. März 2022: Ministerialerlass des Ministeriums für wirtschaftliche Entwicklung zur Änderung des Erlasses vom 26. Februar 2021, der die Methoden und Verfahren für die Gewährung von Zuschüssen zur Unterstützung des Entwicklungsplans von Unternehmen mit Sitz im Gebiet des seismischen Kraters von L'Aquila, die durch die Aufwertung des natürlichen, historischen und kulturellen Erbes dazu beitragen, die touristische Attraktivität und das Angebot nach der Katastrophe zu stärken.

24. März 2022: Regierungserlass zur Beendigung des Ausnahmezustands.

25. März 2022: Anordnung des Gesundheitsministeriums: Sardinien im weißen Bereich.

25. März 2022: Anordnung des Katastrophenschutzes zur Ausweitung der Pflichten der zur Bekämpfung der Pandemie eingestellten Ärzte und des Personals zur Kontaktverfolgung.

28. März 2022: Das Parlament wandelt den Ter-Unterstützungsbeschluss in ein Gesetz um.

28. März 2022: Rundschreiben des Bildungsministeriums, um die Impfpflicht für das gesamte Schulpersonal bis zum 15. Juni 2022 dauerhaft zu machen.

28. März 2022: Rundschreiben des Bildungsministeriums zur Aktualisierung der Methoden zur Verwaltung von Kontakten mit positiven Fällen.

29. März 2022: Dekret des Präsidenten des Ministerrates (DPCM) über die Ernennung des Direktors und Managers der ersten Stufe mit stellvertretenden Funktionen der Einheit für den Abschluss der Impfkampagne und die Annahme anderer Bekämpfungsmaßnahmen der Pandemie.

29. März 2022: Anordnung des Gesundheitsministeriums zur Verlängerung der in der Anordnung vom 22. Februar enthaltenen Maßnahmen bis zum 30. April.

1. Die in der Einleitung erwähnten Maßnahmen, die durch die Verordnung des Gesundheitsministers vom 22. Februar 2022 festgelegt wurden, werden bis zum 30. April 2022 verlängert.
2. Diese Verordnung gilt vom 1. April 2022 bis zum 30. April 2022.
3. Die Bestimmungen dieser Verordnung gelten auch für die Regionen mit Sondergesetzen und für die autonomen Provinzen Trient und Bozen.

   Diese Verordnung wird den Aufsichtsbehörden übermittelt und im Amtsblatt der Italienischen Republik veröffentlicht.
   Rom, 29. März 2022
   Minister: Speranza
   Eingetragen beim Rechnungshof am 30. März 2022.
   Kontrollstelle für die Handlungen des Ministeriums für Arbeit und Sozialpolitik, des Ministeriums für Bildung, des Ministeriums für Universität und Forschung, des Ministeriums für Kultur, des Ministeriums für Tourismus, des Ministeriums für Gesundheit, Nr. 747.

30. März 2022: Interministerieller Erlass des Innen- und des Wirtschaftsministeriums über die Zuweisung von 122.000 Euro an Rom als Hauptstadt für Sanierungsmaßnahmen in Wahllokalen.

30. März 2022: Rundschreiben des Gesundheitsministeriums zu den neuen Formen des Managements im Falle von engen Kontakten.

31. März 2022: Katastrophenschutzverordnung mit Regelungen zur Begünstigung der Übernahme des Gesundheitsministeriums in einigen Bereichen, die bisher in die Zuständigkeit des Katastrophenschutzes fielen.

31. März 2022: Ministerialerlass des Ministeriums für Infrastruktur über die Bedingungen und Verfahren für die Einreichung von Anträgen auf Auszahlung des Beitrags für zusätzliche Schultransportdienste zur Begrenzung von Covid-Infektionen.

1. April 2022: Rundschreiben des Innenministeriums zu den Hinweisen zur Anwendung der im Gesetzesdekret zur Beendigung des Ausnahmezustands enthaltenen Regeln.

1. April 2022: Verordnung des Gesundheitsministeriums über die Richtlinien für Benutzerinformationen und Organisationsmethoden zur Eindämmung der Ausbreitung von Covid im öffentlichen Verkehr.

1. April 2022: Anordnung des Gesundheitsministeriums über die Richtlinien für die Wiederaufnahme der wirtschaftlichen und sozialen Aktivitäten.

1. April 2022: Rundschreiben des Gesundheitsministeriums zur Einschätzung des Vorkommens von Covid-Varianten in Italien.

4. April 2022: Dekret des Präsidenten des Ministerrats (DPCM) mit dem Ziel, die Aufstockung des Fonds zur Unterstützung der von der epidemiologischen Notlage betroffenen Wirtschaftstätigkeiten um 20 Millionen Euro für das Jahr 2022 auf die Regionen aufzuteilen: bestimmt für Interventionen zugunsten von Themenparks, Aquarien, geologischen Parks und Gärten.

5. April 2022: Rundschreiben des Bildungsministeriums zu Klarstellungen zum Besitz und zur Nutzung von Impfpässen in Schulen.

8. April 2022: Rundschreiben des Gesundheitsministeriums mit Hinweisen zur Verabreichung der zweiten Auffrischungsdosis.

8. April 2022: Rundschreiben des Gesundheitsministeriums mit Hinweisen zur Erhebung und täglichen Übermittlung von Daten zu aktivierten Covid-Betten und zur Anzahl der Zugänge zu Notaufnahmen.

11. April 2022: Die AIFA entscheidet über die Aufnahme der Indikation „Auffrischimpfung der zweiten Dosis" in die Impfstoffe von Pfizer und Moderna.
Die Arzneimittel COMIRNATY und SPIKEVAX sind in der Liste der im Gesetz Nr. 1 genannten Arzneimittel aufgeführt. 648/1996 zur Verwendung als zweite Auffrischungsdosis, mindestens vier Monate nach der ersten Auffrischungsimpfung, für Probanden ab 80 Jahren, für Gäste von Seniorenheimen und für anwesende Probanden im Alter zwischen 60

und 80 Jahren spezifische Risikofaktoren für das Fortschreiten zu schwerem CoViD-19.

13. April 2022: AIFA legt die Einstufung des auf Tixagevimab/Cilgavimab basierenden Humanarzneimittels „Evusheld" fest.

15. April 2022: Entscheidung der AIFA zur Neuklassifizierung und Abgaberegelung des Humanarzneimittels „Paxlovid" (Nirmatrelvir-Ritonavir).

15. April 2022: Katastrophenschutzverordnung zur Ausweitung der Aufgaben des Innenministeriums zur Umsetzung des Themas im Hinblick auf den Umgang mit Migranten aus Anti-Covid-Perspektive.

16. April 2022: Anordnung des Katastrophenschutzes zur Ausweitung der von der Region Abruzzen übertragenen Aufgaben zur Unterstützung der Bewältigung des Covid-Notstands.

26. April 2022: Anordnung des Katastrophenschutzes zur Verlängerung der Stellen des nicht leitenden Personals der Katastrophenschutzabteilung.

28. April 2022: Anordnung des Gesundheitsministeriums, die in der Verordnung des Ministeriums vom 22. Februar 2022 enthaltenen Bestimmungen bis zum 31. Mai zu verlängern (mit Ausnahme der Bestimmungen von Art. 1, Absatz 1 Buchstabe a).

28. April 2022: Anordnung des Gesundheitsministeriums, die in der Verordnung des Ministeriums vom 22. Februar 2022 enthaltenen Bestimmungen bis zum 31. Mai zu verlängern (mit Ausnahme der Bestimmungen von Art. 1, Absatz 1 Buchstabe a).

28. April 2022: Verordnung des Gesundheitsministeriums zur Festlegung der Orte und Anlässe, an denen die Maskenpflicht weiterhin in Kraft bleibt.

29. April 2022: Rundschreiben des Gesundheitsministeriums zur Schätzung der Prävalenz der Covid-Varianten in Italien.

29. April 2022: Interministerieller Erlass der Ministerien für wirtschaftliche Entwicklung, Tourismus und Wirtschaft zur Festlegung von Kriterien und Methoden für die Auszahlung von Beiträgen zugunsten von Unternehmen, die in der Gastronomie tätig sind.

4. Mai 2022: Gesetzeserlass der Regierung mit dringenden Bestimmungen zur Durchführung von Verwaltungswahlen und Referenden sowie zur Anwendung von Sicherheitsmaßnahmen zum Zweck der Stimmengewinnung.

9. Mai 2022: Anordnung des Gesundheitsministeriums zur Verabschiedung von Leitlinien zur Verhinderung der Ausbreitung von CoViD-19 auf Baustellen.

10. Mai 2022: Rundschreiben des Gesundheitsministeriums mit Hinweisen zu Maßnahmen zur Vermeidung des Infektionsrisikos mit CoViD-19 für die Durchführung von Wahlberatungen und Volksabstimmungen.

12. Mai 2022: Ministerialerlass des Landwirtschaftsministeriums für eine Intervention zur Unterstützung italienischer

Geflügelfarmen, die durch die Hygienemaßnahmen zur Einschränkung der Verbringung von Geflügelprodukten und lebenden Vögeln im Zeitraum vom 23. Oktober bis 31. Dezember 2021 indirekten Schaden erlitten haben.

16. Mai 2022: Katastrophenschutzverordnung mit dem Ziel, während der Dauer des Ausnahmezustands eine schrittweise Rückkehr zu normalen Maßnahmen zur Bekämpfung der Pandemie in der Verantwortung der durch Katastrophenschutzverordnungen geregelten Regionen und Kommunen im organisatorischen, operativen und logistischen Bereich zu ermöglichen.

16. Mai 2022: Verordnung zum Katastrophenschutz über Maßnahmen zur Sicherstellung der Durchführung der Gesundheitsüberwachung von Migranten in den im Staatsgebiet identifizierten Strukturen.

18. Mai 2022: Rundschreiben des Gesundheitsministeriums zur Integration von Hinweisen zu Maßnahmen zur Vermeidung des Infektionsrisikos mit CoViD-19 für die Durchführung von Wahlberatungen und Volksabstimmungen.

19. Mai 2022: Das Parlament wandelt das Dekret zur Beendigung des Ausnahmezustands in Gesetz um.

25. Mai 2022: Anordnung des Gesundheitsministeriums, das Protokoll für die Durchführung öffentlicher Wettbewerbe zu aktualisieren.

26. Mai 2022: Ministerialerlass des Landwirtschaftsministeriums mit dringenden Bestimmungen zu Ausgleichsmaßnahmen zugunsten von Ölmühlen.

31. Mai 2022: Interministerieller Erlass des Ministeriums für Gesundheit und Wirtschaft über den Beitrag zur Deckung der Kosten für Psychotherapiesitzungen.

1. Juni 2022: Rundschreiben des Gesundheitsministeriums zur Einschätzung des Vorkommens von Covid-Varianten in Italien.

13. Juni 2022: Ministerialerlass des Gesundheitsministeriums zur Verlängerung der Genehmigung für den vorübergehenden Vertrieb des antiviralen Medikaments Molnupiravir.

1. Die Genehmigung für den vorübergehenden Vertrieb des antiviralen Arzneimittels Molnupiravir gemäß Artikel 1 Absatz 1 des Dekrets des Gesundheitsministers vom 26. November 2021 wird bis zum 13. Dezember 2022 verlängert.
2. Die Verteilung der in Absatz 1 genannten Arzneimittel erfolgt durch die Einheit zum Abschluss der Impfkampagne und zur Ergreifung anderer Maßnahmen zur Bekämpfung der Pandemie gemäß den von ihr festgelegten Methoden und Verfahren.
3. In Bezug auf die Methoden und Bedingungen der Verwendung des oben genannten Arzneimittels bleiben die bereits von der italienischen Arzneimittelbehörde in ihren eigenen Bestimmungen festgelegten Bestimmungen anwendbar.
   Art. 2 1. Aus den in der Einleitung genannten Gründen wird die Genehmigung für den vorübergehenden Vertrieb des antiviralen Medikaments Paxlovid gemäß dem Dekret des Gesundheitsministers vom 26. November 2021 widerrufen. Art. 3 1. Die italienische Arzneimittelbehörde legt ein Register für die ordnungsgemäße Verwendung und Überwachung der Verwendung des in Artikel 1 genannten Arzneimittels fest und vermittelt dem Gesundheitsminister auf der Grundlage der Auswertung der Pharma Überwa-

chungsdaten unverzüglich das Vorliegen der Voraussetzungen für die sofortige Aussetzung mit oder Widerruf dieses Dekrets. 2 Diese Maßnahme gilt ab dem 13. Juni 2022. Dieses Dekret wird den Aufsichtsbehörden übermittelt und im Amtsblatt der Italienischen Republik veröffentlicht.

15. Juni 2022: Direktionserlass des Ministeriums für Infrastruktur zur Festlegung der Verlängerung der Fristen für die Einreichung von Anträgen auf Auszahlung des Beitrags für die Bereitstellung zusätzlicher Schultransportdienste zur Eindämmung der Ausbreitung von Covid.

15. Juni 2022: Anordnung des Gesundheitsministeriums zur Ausweitung der Maskenpflicht in Transportmitteln und für Arbeitnehmer im Gesundheitsbereich.

16. Juni 2022: Regierungserlassgesetz, bekannt als „Mims-Dekret", für die Pflicht zum Tragen von Masken in öffentlichen Verkehrsmitteln mit Ausnahme von Flugzeugen, in Pflegeheimen und in Gesundheitseinrichtungen.

16. Juni 2022: Anordnung des Gesundheitsministeriums mit Hinweisen zur Maskenpflicht in Transportmitteln (mit Ausnahme von Flugzeugen) und in Gesundheitseinrichtungen.

27. Juni 2022: Bevölkerungsschutzverordnung mit dem Ziel, die schrittweise Rückkehr zu gewöhnlichen Maßnahmen zur Bekämpfung der Covid-Pandemie zu ermöglichen (Integration der Verordnung 892).

28. Juni 2022: Entscheidung der AIFA zur Berichtigung der Entscheidung Nr. 157/2021 vom 25. November 2021 über die Einstufung des im zentralisierten Verfahren zugelassenen Impfstoffs Comirnaty (Pfizer).

28. Juni 2022: Entscheidung der AIFA zur Berichtigung der Entscheidung Nr. 158/2021 vom 25. November 2021 über die Einstufung des im zentralisierten Verfahren zugelassenen Impfstoffs Comirnaty (Pfizer).

1. Juli 2022: Rundschreiben des Gesundheitsministeriums zur Einschätzung der in Italien vorkommenden Covid-Varianten.

7. Juli 2022: Rundschreiben des Gesundheitsministeriums zur Stärkung der organisatorischen Maßnahmen als Reaktion auf die steigende Nachfrage nach Gesundheitsversorgung.

11. Juli 2022: Rundschreiben des Gesundheitsministeriums zur Erweiterung der Impfpopulation, die die zweite Auffrischungsdosis erhält.

12. Juli 2022: Entscheidung der AIFA zur Änderung der Entscheidung Nr. GD/153/2022 vom 11. April 2022 zur Aufnahme der Indikation „zweite Auffrischungsdosis" der Arzneimittel „Comirnaty" und „Spikevax" in die Arzneimittelliste gemäß dem Gesetz vom 23. Dezember 1996, Nr. 648.

19. Juli 2022: Rundschreiben des Gesundheitsministeriums mit der Aktualisierung der Indikationen für die Zahnarztpraxis.

27. Juli 2022: Beschluss der AIFA zur Änderung der Gültigkeitsdauer der Medikamentenchargen „Evusheld".

29. Juli 2022: Rundschreiben des Gesundheitsministeriums zur Einschätzung der in Italien vorkommenden Covid-Varianten.

30. Juli 2022: Anordnung des Katastrophenschutzes zur Genehmigung der Umgestaltung der von Freiwilligenorganisationen vorgelegten Projekte zur Wiederherstellung gewöhnlicher Katastrophenschutzausrüstung und -aktivitäten nach dem Anstieg der Rohstoffkosten.

2. August 2022: AIFA entscheidet über die Aufnahme des Arzneimittels „Evusheld" (Vereinigung der monoklonalen Antikörper Tixagevimab und Cilgavimab) in die Arzneimittelliste. Das Medikament EVUSHELD (Vereinigung der monoklonalen Antikörper Tixagevimab und Cilgavimab) wird ausschließlich aus wissenschaftlichen Gründen in die gemäß Art. 1, Absatz 4, des Gesetzesdekrets vom 21. Oktober 1996, Nr. 536, umgewandelt durch Gesetz vom 23. Dezember 1996, Nr. 648, für die folgende Bedingung: „Frühzeitige Behandlung von Personen mit SARS-CoV-2-Infektion, bei denen das Risiko einer Verschlechterung des Fortschreitens von CoViD-19 besteht, bei denen die Verschreibung von antiviralen Medikamenten und monoklonalen Antikörpern, die von der EMA für den ambulanten Bereich zugelassen sind, als unangemessen angesehen wird von klinischer und/oder epidemiologischer Sicht (in Bezug auf die Verbreitung viraler Varianten)".

2. August 2022: AIFA entscheidet über die Aufnahme der Indikation „Abschluss der Grundimmunisierung oder Auffrischimpfung" des Arzneimittels „Nuvaxovid" (Novavax) in die Arzneimittelliste.
Das Arzneimittel NUVAXOVID wird ausschließlich aus wissenschaftlichen Gründen in die Liste der im Gesetz Nr. 1 genannten Arzneimittel aufgenommen. 648/1996 zur Verwendung in heterologen Dosen sowohl zur Vervollständigung der Grundimmunisierung als auch als Auffrischimpfung für Personen, bei denen nach sorgfältiger individueller

klinischer Bewertung die Verwendung eines mRNA-Impfstoffs als nicht anwendbar erachtet wird. Bezüglich des Alters der berechtigten Probanden und des Zeitpunkts der Verabreichung beachten Sie bitte die Zusammenfassung der Produktmerkmale (SPC).

16. August 2022: Katastrophenschutzverordnung zur Änderung der Verordnung 693/2020 – Einrichtung eines Fonds für die Familien von Arbeitern, die an Covid gestorben sind.

19. August 2022: Rundschreiben des Bildungsministeriums mit Hinweisen zum Beginn des Schuljahres 2022/2023.

19. August 2022: Interministerieller Erlass der Ministerien für wirtschaftliche Entwicklung und Wirtschaft, der den Erlass vom 30. Dezember 2021 ändert und die Kriterien und Methoden für die Auszahlung von Beiträgen an Unternehmen enthält, die in den Bereichen „Hochzeit" und Unterhaltung tätig sind wie Organisation von Zeremonien und des Herbergen-Restaurant-Caterings.

23. August 2022: Ministerialerlass des Ministeriums für Infrastruktur, der die Modalitäten für den Zugang zum Preisanpassungsfonds festlegt, der mit dem Gesetzesdekret 73/2021 eingeführt wurde.

31. August 2022: Rundschreiben des Gesundheitsministeriums zur Aktualisierung der Methoden zur Verwaltung von Fällen und engen Kontakten im Falle von CoViD-19.

2. September 2022: Rundschreiben des Gesundheitsministeriums zur Einschätzung der in Italien vorkommenden Covid-Varianten.

7. September 2022: Rundschreiben des Gesundheitsministeriums zur Verwendung von mRNA-Impfstoffen in der bivalenten Formulierung Original/Omicron BA.1 im Rahmen der Impfkampagne.

9. September 2022: AIFA entscheidet über die Klassifizierung des Spikevax-Impfstoffs (Moderna).

9. September 2022: AIFA entscheidet über die Einstufung des Comirnaty-Impfstoffs (Pfizer).

9. September 2022: AIFA-Entscheidung zur Klassifizierung des mRNA Bivalent Original/Omicron BA.1-Impfstoffs, basierend auf Elasomeran/Melasomeran, „Spikevax" (Moderna).

12. September 2022: Mit der Katastrophenschutzverordnung wird die in der Verordnung 892/2022 vorgesehene Übergangsregelung im operativen, organisatorischen und logistischen Bereich bis zum 31. Dezember verlängert.

13. September 2022: Interministerieller Erlass des Ministeriums für Infrastruktur und Wirtschaft, der die Höhe der Erstattung für im Verkehrssektor tätige Unternehmen für covidbedingte Mindereinnahmen im Zeitraum März-Mai 2020 festlegt.

15. September 2022: Ministerialerlass des Gesundheitsministeriums über die Zuweisung des für die Verabreichung von Impfstoffen in Apotheken eingerichteten Fonds.

18. September 2022: Entscheidung der AIFA zur Berichtigung der Entscheidung Nr. 152/2022-Klassifizierung des mRNA Original/Omicron BA. 1 Impfstoffs, basierend auf Tozinameran/Nitozinameran „Comirnaty" (Pfizer).

18. September 2022: Entscheidung der AIFA zur Berichtigung der Entscheidung Nr. 151/2022-Klassifizierung des mRNA-Impfstoffs Bivalent Original/Omicron BA.1, basierend auf Elasomeran/Melasomeran, „Spikevax" (Moderna).

18. September 2022: AIFA-Entscheidung zur Klassifizierung des mRNA Original/Omicron BA.4-5-Impfstoffs, basierend auf Tozinameran/Famtozinameran, „Comirnaty" (Pfizer).

23. September 2022: Rundschreiben des Gesundheitsministeriums zur Aktualisierung der Indikationen zur Verwendung bivalenter m-RNA-Impfstoffe.

29. September 2022: Anordnung des Gesundheitsministeriums zu den neuen Regeln für die Verwendung von Masken.

30. September 2022: Rundschreiben des Gesundheitsministeriums zur Einschätzung der in Italien vorkommenden Covid-Varianten.

13. Oktober 2022: Anordnung des Katastrophenschutzes zur Ausweitung der in der Anordnung vom 31. März 2022 enthaltenen Maßnahmen zur Förderung der Übernahme des Gesundheitsministeriums in einigen Bereichen, die zuvor in die Zuständigkeit des Katastrophenschutzes fielen.

13. Oktober 2022: Katastrophenschutzverordnung zur Fortsetzung der in der Verordnung vom 16. Mai enthaltenen Aktivitäten bis zum 31. Dezember mit dem Ziel, die schrittweise Rückkehr zur Normalität der Maßnahmen zur Bekämpfung der Pandemie im Zuständigkeitsbereich der Region Basilikata zu ermöglichen.

13. Oktober 2022: Katastrophenschutzverordnung zur Fortsetzung der in der Verordnung vom 16. Mai enthaltenen Aktivitäten bis zum 31. Dezember, die darauf abzielen, die schrittweise Rückkehr zur Normalität der Maßnahmen zur Bekämpfung der Pandemie im Zuständigkeitsbereich der Region Abruzzen zu ermöglichen.

13. Oktober 2022: Katastrophenschutzverordnung zur Fortsetzung der in der Verordnung vom 16. Mai enthaltenen Aktivitäten bis zum 31. Dezember, die darauf abzielen, die schrittweise Rückkehr zur Normalität der Maßnahmen zur Bekämpfung der Pandemie im Zuständigkeitsbereich der Region Kalabrien zu ermöglichen.

17. Oktober 2022: Rundschreiben des Gesundheitsministeriums zur Aktualisierung der Hinweise zum Rückruf mit RNA-bivalenten Impfstoffen im Rahmen der Impfkampagne.

20. Oktober 2022: Interministerieller Erlass des Innenministeriums und des Wirtschaftsministeriums zur teilweisen Zuweisung der Erhöhung um 3,5 Millionen Euro für das Jahr 2022 des Fonds zur Entlastung der Gemeinden durch die geringeren Einnahmen aus der Befreiung von Inhabern von Konzessionen oder Genehmigungen zur Nutzung öffentlicher Grundstücke.

26. Oktober 2022: Entscheidung der AIFA zum Ausschluss des Arzneimittels Evusheld (Vereinigung der monoklonalen Antikörper Tixagevimab und Cilgavimab) aus der Arzneimittelliste gemäß Gesetz vom 23. Dezember 1996, Nr. 648.

27. Oktober 2022: AIFA entscheidet über die Zulassung des ambivalenten mRNA-Impfstoffs Comirnaty (Pfizer).

31. Oktober 2022: Anordnung des Gesundheitsministeriums zur Verlängerung der Maskenpflicht in Gesundheits-, Sozial- und Sozialeinrichtungen bis zum 31. Dezember.

31. Oktober 2022: Gesetzeserlass der Regierung zur Aufhebung der Impfpflicht für Beschäftigte im Gesundheitswesen.

4. November 2022: Rundschreiben des Gesundheitsministeriums zur Schätzung der Prävalenz von Covid-Varianten in Italien.

10. November 2022: AIFA-Entscheidung zur Klassifizierung des Impfstoffs gegen CoViD-19 mit mRNA Original/Omicron BA.1, basierend auf Elasomeran/Melasomeran, „Spikevax Bivalent Original/Omicron BA.1" (Moderna).

10. November 2022: AIFA-Entscheidung zur Klassifizierung des Impfstoffs gegen CoViD-19 mit mRNA Original/Omicron B4.5, basierend auf Elasomeran/Melasomeran, „Spikevax Bivalent Original/Omicron BA.1" (Moderna).

17. November 2022: Entscheidung der AIFA zur Klassifizierung gemäß Artikel 12 Absatz 5 des Gesetzes vom 8. November 2012, Nr. 189, des Anti-CoViD-19-Impfstoffs (rekombinant, adjuvantiert) namens „Vidprevtyn Beta" (Sanofi Pasteur).

23. November 2022: Entscheidung der AIFA zur Klassifizierung gemäß Artikel 12 Absatz 5 des Gesetzes vom 8. November 2012, Nr. 189, des mRNA-Impfstoffs auf Tozinameran/Famtozinameran-Basis, „Comirnaty Original/Omicron BA, 4-5" (BioNTech/Pfizer).

1. Dezember 2022: Anordnung des Katastrophenschutzes zur Ausweitung selbständiger Einsätze für Gesundheitspersonal in den Abruzzen.

2. Dezember 2022: Ministerialerlass des Gesundheitsministeriums zur Verlängerung der Genehmigung für den vorübergehenden Vertrieb des antiviralen Medikaments Molnupiravir.

9. Dezember 2022: Rundschreiben des Gesundheitsministeriums zur Schätzung der in Italien vorkommenden Covid-Varianten.

9. Dezember 2022: Rundschreiben des Gesundheitsministeriums zur Erweiterung der Anwendungsindikation des Comirnaty-Impfstoffs (BioNTech/Pfizer) für die Altersgruppe 6 Monate – 4 Jahre (einschließlich).
Am 24.10.2022 genehmigte die technisch-wissenschaftliche Kommission der AIFA unter Annahme der Stellungnahme der Europäischen Arzneimittel-Agentur (EMA) die Erweiterung der Indikation für die Verwendung des Impfstoffs Comirnaty (BioNTech/Pfizer) in der spezifischen Formulierung von 3 Mikrogramm/Dosis für die Altersgruppe 6 Monate bis 4 Jahre (einschließlich). Unter Berücksichtigung der Stellungnahme der Ständigen Arbeitsgruppe zur SARS-CoV-2-Infektion des Obersten Gesundheitsrates vom 16.11.2022 und nachfolgender Gespräche wird die Empfehlung der Anti-SARS-CoV2/CoViD-19 Impfung verlängert Kinder im Alter von 6 Monaten bis 4 Jahren (einschließlich), die fragile Zustände aufweisen, die sie der Entwicklung schwererer Formen einer SARS-Cov2-Infektion aussetzen, und insbesondere Folgendes:
- Schwere primäre Immunschwäche (z. B. häufige variable Immunschwäche, Bruton-Agammaglobulinämie, Wiskott-Aldrich-Syndrom, Di-George-S.) oder sekundär, einschließ-

lich derjenigen, die wegen Krebs behandelt werden oder die sich einer immunsuppressiven Behandlung wegen immunvermittelter Krankheiten (z. B. Kollagenstörungen, Morbus Crohn) oder zur Vorbeugung von soliden Erkrankungen unterziehen Abstoßung einer Organtransplantation oder HIV-infizierte Kinder mit CD4+-Lymphozytenzahlen unter 200 Zellen/ml);

- Knochenmarks-/Stammzelltransplantation oder CAR-T-Therapie Zellen;
- Antikörpertherapie Erschöpfung des Zell-B-Kompartiments;
- Splenektomierte oder Personen geboren mit Asplenie;
- Thalassämie Major, Sichelzellenanämie und andere schwere chronische Anämien;
- schwere Herzinsuffizienz;
- schwere pulmonale Hypertonie;
- Angeborene zyanotische Herzfehler, Herzpostoperativer univentrikulärer Fontan und andere komplexe angeborene Herzerkrankungen, die die Herzfunktion beeinträchtigen;
- Lungenbronchodysplasie;
- Strukturelle Anomalien der Atemwege;
- schwere Lungenhypoplasie;
- Chronische Lungenerkrankung mit anhaltender Einschränkung der Lungenfunktion;
- Chronisches Nierenleiden;
- Typ Diabetes mellitus1;
- Mukoviszidose;
- Vorheriger Schlaganfall;
- Chronische neurologische oder neuromuskuläre Erkrankungen;
- infantile Zerebralparese;
- Down-Syndrom (Trisomie 21) und andere Chromosomenstörungen;

- Fettleibigkeit (> 97. Perzentil des BMI);
- Ehemalige Frühgeborene unter dem Alter von 2 Jahre;
- Syndromische Erkrankungen mit schwerer Beeinträchtigung der täglichen Aktivitäten;
- Schwerbehinderung gemäß Gesetz 104/1992 Art. 3 Komma 3).

Diese Liste kann auf der Grundlage der verfügbaren Beweise aktualisiert werden. Darüber hinaus kann dieser Impfstoff unter Berücksichtigung der von der EMA und der AIFA genehmigten Indikation auch für die Impfung von Kindern im Alter von 6 Monaten bis 4 Jahren (einschließlich) zur Verfügung gestellt werden, die diese Erkrankungen nicht aufweisen auf Antrag des Elternteils oder des Erziehungsberechtigten. Comirnaty 3 Mikrogramm/Dosis wird intramuskulär nach Verdünnung als Primärkur mit 3 Dosen (jeweils 0,2 ml) verabreicht, wobei die zweite Dosis 3 Wochen nach der ersten Dosis und die dritte Dosis mindestens 8 Wochen nach der zweiten Dosis verabreicht wird. Wenn das Kind zwischen den Dosen des Impfzyklus 5 Jahre alt wird, sollte es den Impfzyklus abschließen und weiterhin die 3-Mikrogramm-Dosis erhalten.

Weitere technische Spezifikationen des Impfstoffs entnehmen Sie bitte der Zusammenfassung der Produktmerkmale (SPC) in Anlage 1. Außerdem ist der angepasste Auszug aus der Packungsbeilage (Anlage 2) beigefügt, der als beizufügender Informationsvermerk verwendet werden kann für die Einverständniserklärung. Alle nachfolgenden Aktualisierungen werden in der AIFA Pharmasuche-Datenbank unter dem Link https://www.aifa.gov.it/trova-farmaco verfügbar gemacht.

9. Dezember 2022: Rundschreiben des Gesundheitsministeriums zur Aktualisierung der bivalenten Formulierungen der verfügbaren mRNA-Impfstoffe.

13. Dezember 2022: Rundschreiben des Gesundheitsministeriums zur Berichtigung der Schätzung der in Italien vorkommenden Covid-Varianten.

16. Dezember 2022: Katastrophenschutzverordnung mit den Hinweisen, die Rückkehr zum normalen Leben aus dem Ausnahmezustand zu ermöglichen.

21. Dezember 2022: Rundschreiben des Gesundheitsministeriums zur Aktualisierung der Indikationen für den Einsatz des Nuvaxovid-Impfstoffs (Novavax) im Rahmen der Impfkampagne.

28. Dezember 2022: Anordnung des Gesundheitsministeriums zu besonderen Covid-Kontrollen für diejenigen, die aus China nach Italien einreisen.

29. Dezember 2022: Anordnung des Katastrophenschutzes zur Verlängerung der Sonderbuchhaltung für die von dem Innenministerium ernannten Durchführungsstelle durchgeführten Tätigkeiten bis zum 31. Januar 2024.

29. Dezember 2022: Anordnung des Katastrophenschutzes zur Verlängerung der Maßnahmen zur Bereitstellung von Mitteln zur Unterstützung der Familien von Mitarbeitern des Gesundheitswesens, die an Covid gestorben sind, bis zum 31. Januar 2023.

29. Dezember 2022: Anordnung des Gesundheitsministeriums zur Verlängerung der Maskenpflicht in Gesundheits-, Sozial- und Sozialeinrichtungen bis zum 30. April 2023.

29. Dezember 2022: Interministerieller Erlass des Innen- und des Wirtschaftsministeriums zur teilweisen Zuweisung der Erhöhung des Erfrischungsfonds um 9,2 Millionen Euro für das Jahr 2022 an die Gemeinden (Art. 177 Gesetzesdekret 34/2020).

30. Dezember 2022: Das Parlament wandelt den Erlass zur Wiedereingliederung von ungeimpftem Gesundheitspersonal in ein Gesetz um.

30. Dezember 2022: Rundschreiben des Gesundheitsministeriums mit Hinweisen zur Verwendung des Impfstoffs Vid-Prevtyn Beta (Sanofi) im Rahmen der Impfkampagne.
Im Anschluss an den Rundbrief Nr. 13824-22/02/2022-DGPRE, unter Berücksichtigung der Stellungnahme des AIFA CTS vom 09.05.2022: Unter Berücksichtigung der Tatsache, dass der Nuvaxovid-Impfstoff, der zuvor Mangelware war, jetzt wieder verfügbar ist, ergibt sich im Hinblick auf das oben Gesagte Folgendes: Der Nuvaxovid-Impfstoff:
- ist für den Primärzyklus indiziert, mit zwei Dosen (ab 0,5 jeweils ml) im Abstand von 3 Wochen (21 Tagen) bei Probanden ab 12 Jahren;
- kann zur Vervollständigung eines Grundkurses verwendet werden (bei einer Dosierung von 0,5mL) bei Personen ab 12 Jahren, die eine Dosis des mRNA-Impfstoffs erhalten hatten und für die eine Fortsetzung mit diesem Impfstoff nicht als angemessen erachtet wird (mindestens 21 Tage nach einer ersten Dosis mit Comirnaty oder mindestens 28 Tage nach einer ersten Dosis mit Spikevax);
- kann als homologe Auffrischungsdosis verwendet werden (nach Abschluss der Grundimmunisierung mit Nuvaxovid) in einer Dosis von 0,5 ml, mindestens 6 Monate (180 Tage) nach Abschluss der Grundimmunisierung bei Probanden ab 18 Jahren;

- kann als heterologe Auffrischungsdosis verwendet werden (nach Abschluss der Grundimmunisierung mit mRNA- oder adenoviralen Vektorimpfstoffen und wenn ein mRNA-Impfstoff nicht als angemessen erachtet wird), in einer Dosis von 0,5 ml, mindestens 4 Monate (120 Tage) nach Abschluss des Primärzyklus bei Probanden ab 18 Jahren.

Weitere technische Spezifikationen des Impfstoffs entnehmen Sie bitte der Zusammenfassung der Produktmerkmale (SmPC) in Anlage 1. Beigefügt ist auch der angepasste Auszug aus der Packungsbeilage (Anlage 2), der als Beilageinformation zur Einverständniserklärung dienen kann. Alle nachfolgenden Aktualisierungen, einschließlich der SPC, werden in der AIFA-Arzneimitteldatenbank unter folgendem Link verfügbar gemacht: https://farmaci.agenziafarmaco.gov.it/bancadatifarmaci/home.

31. Dezember 2022: Rundschreiben des Gesundheitsministeriums über die neuen Wege zur Bewältigung von Infektionen und engen Kontakten mit Positiven.

1. Januar 2023: Rundschreiben des Gesundheitsministeriums zur Aktualisierung des Rundschreibens „Bestehende Maßnahmen zur Bewältigung der Verbreitung von SARS-CoV-2 in der Wintersaison 2022–2023".

5. Januar 2023: Rundschreiben des Gesundheitsministeriums zur Schätzung der Prävalenz von Covid-Varianten in Italien.

13. Januar 2023: Rundschreiben des Gesundheitsministeriums mit Angaben zur Auffrischungsdosis für die Altersgruppe von 5 bis 11 Jahren.

Die technisch-wissenschaftliche Kommission der AIFA genehmigte in ihrer Sitzung vom 5. Dezember 2022 die von der Europäischen Arzneimittel-Agentur (EMA) geäußerte Stellungnahme und genehmigte die Original/Omicron BA.4-5-Formulierung (5/5 Mikrogramm) des Comirnaty-Impfstoffs mit Indikation zur Verwendung als Auffrischungsdosis für die Altersgruppe 5-11 Jahre. Daher wird die Empfehlung der Auffrischungsdosis auf Kinder im Alter von 5 bis 11 Jahren (einschließlich) ausgeweitet, die fragile Zustände aufweisen, die sie der Entwicklung schwererer Formen einer SARS-CoV-2-Infektion aussetzen (siehe Rundschreiben Prot. Nr. 40319-23/09/2022-DGPRE und Prot. Nr. 49730-09/12/2022-DGPRE). Darüber hinaus kann diese Formulierung unter Berücksichtigung der von der EMA und der AIFA genehmigten Anwendungsindikation auch für den Rückruf von Kindern in der Altersgruppe von 5 bis 11 Jahren (einschließlich) zur Verfügung gestellt werden, die diese Voraussetzungen nicht erfüllen, auf Antrag des Elternteils oder des Erziehungsberechtigten. Weitere technische Spezifikationen der Original/Omicron BA.4-5 (5/5 Mikrogramm)-Formulierung des Comirnaty-Impfstoffs finden Sie in der Zusammenfassung der Produktmerkmale (SmPC) in Anhang 1. Der angepasste Auszug aus der Packungsbeilage ist ebenfalls beigefügt (Anhang 2), der als Informationsvermerk verwendet werden kann, der der Einverständniserklärung beigefügt werden kann. Alle nachfolgenden Aktualisierungen, einschließlich der SPC, werden in der AIFA-Arzneimitteldatenbank unter folgendem Link verfügbar gemacht:

Am Ende des chronologischen Exkurses ist zusätzlich zu allem, was wir auf fast hundert Seiten berichtet haben (falls das nicht genug wäre), daran zu erinnern, dass sowohl die Abgeordnetenkammer als auch der Senat der Republik ihre Sitzungen eingestellt haben die zu ergreifenden Maßnahmen zu diskutieren und gesetzlich festzulegen!

Über ein Jahr lang stand ein einzelner Mann an der Spitze des italienischen Staates, ohne überhaupt gewählt worden zu sein! Diese seltsame Regierungsform hat auch die Kontrolle über alle Berufsordnungen übernommen, insbesondere über die der Ärzte, die aufgehört haben, dem hippokratischen Eid zu folgen, einem politischen Protokoll zu entsprechen, das wenig Gesundheitsfürsorge vorsah und sich einem Staat unterzuordnen, der sicher nicht einer war, der von den Bürgern gewählt wird.
Ohne parlamentarische Schritte wurde der Strafschutz für impfende Ärzte eingeführt, als wäre er ein Auftakt für diejenigen, die wussten, welchen Schaden er anrichten könnte...!
Das Bild eines Schattenstaates, der die Kontrolle über Italien übernommen hat, indem er grundlegende Verfassungsrechte außer Kraft gesetzt und die Demokratie über Nacht vernichtet hat für die gesamten Zeit der Gesundheitsdiktatur durch die schrecklichen Einschränkungen, die wir alle kennen, wird immer deutlicher.
Was ist passiert?
Italien wurde von einem einzigen Mann regiert, der für die ganze Nation entschied, in Unvereinbarkeit zur italienischen Verfassung und unter Missachtung der Grundsätze, die die Aufteilung der Staatsgewalt regeln, um einen Anschein von Demokratie zu gewährleisten.
Ich habe beschlossen, bei den oben dargelegten Punkten als Untersuchungszeitraum anzuhalten, um dem Leser die analytische und objektive Sichtweise zusammen mit den Daten und Vorschriften einschließlich der Dekrete und des Ministerpräsidentenerlasses zum hypothetischen CoViD-19 Pandemie zu präsentieren.
Entstehen wird eine kriminologische Analyse des hypothetischen Pandemiemanagements von CoViD-19 von 2020 bis Anfang 2023.

Aber dazu müssen wir zumindest wissen, was dieser sogenannte „Impfstoff" enthält, was er im Übrigen nicht ist; Es handelt sich um ein Medikament mit zweifelhaftem Nutzen und zweifelhafter Funktionalität.
Um herauszufinden, was in diesem fälschlicherweise „Impfstoff" genannten Medikament enthalten ist, habe ich Dr. Gabriele Segalla, ein international renommierter biochemischer Forscher, der eine toxikologische und chemische Analyse insbesondere zum Pfizer-Impfstoff verfasst hat, befragt.
Diese Studie wurde von der internationalen wissenschaftlichen Gemeinschaft anerkannt, ist somit eine Wissenschaft mit offiziellem Wert und kann als solche nicht widerlegt werden!
Auf den folgenden Seiten berichten wir über die wissenschaftliche Forschung von Dr. Gabriele Segalla.

TOXIKOLOGISCHE ANALYSE DES PFIZER-BIONTECH-IMPFSTOFFS

Toxikologische Analyse des Pfizer-BioNTech-Impfstoffs

DR. Gabriele Segalla, Biochemiker, CEO und Chefwissenschaftler von Multichem R&D Italy (Rozzano, MI), untersuchte den Pfizer-BioNTech Comirnaty-Impfstoff gegen die CoViD-19-Krankheit aus toxikologischer Sicht. Die Studie wurde in der Oktoberausgabe 2022 der italienischen Zeitschrift *Disinfection* und in der Januarausgabe 2023 des *International Journal of Vaccine Theory, Practice, and Research* veröffentlicht. Die internationale Publikation wurde von der wissenschaftlichen Gemeinschaft akkreditiert, da sie das renommierte „Peer Review" erhalten hat, d. h. sie wurde von internationalen Experten mit gleicher Kompetenz bewertet und begutachtet. Im Wesentlichen handelt es sich hierbei um „offizielle Wissenschaft".

Das Studium von Dr. Segalla war Gegenstand einer parlamentarischen Anfrage, die am 13. Juni 2022 von der Abgeordneten Sara Cunial eingereicht wurde, aber die Regierung unter dem Vorsitz von Mario Draghi beantwortete diese Anfrage nie.

Im März 2023 wurde das Studium als technische Beratung erworben für die Beschwerde von Anwalt Antonietta Veneziano von Avvocati Liberi bei der Staatsanwaltschaft von Catanzaro, im Namen von Antonio Porto, Generalsekretär der Region Kampanien von der Union „Freiheit und Sicherheit" (LES) der Staatspolizei, und von Senatorin Bianca Granato. Im Juni 2023 wurde beim Gericht von Rom eine neue Beschwerde gegen den ehemaligen Gesundheitsminister Roberto Speranza und den ehemaligen Generaldirektor der AIFA Nicola Magrini eingereicht und erneut mit Segalla als

Partisan Technical Consultant, im Auftrag des Ausschusses Ascoltami *(Hoer mir zu)*, vom Verband OSA (Streitkräfte und Strafverfolgung), von der Polizeigewerkschaft LES, von der SFD Democratic Financiers Union und von Senatorin Bianca Granato.

Segalla analysierte die toxikologischen Kritikalitäten aller Komponenten des Impfstoffs, einschließlich des Wirkstoffs, der aus einem in Lipid-Nanopartikeln eingekapselten mRNA-Filament besteht. Hier sind die kritischen Themen in groben Zügen zusammengefasst:

1. Zwei Hilfsstoffe, die nicht im Arzneibuch enthalten sind und nie auf Karzinogenität und Genotoxizität getestet wurden.
2. Toxizität der Zusammensetzung im Zusammenhang mit der möglichen Bildung freier Radikale.
3. Elektrolytbestandteile sind aus der neuen Formulierung verschwunden, die von der EMA ohne neue klinische Tests zugelassen wurde, was die Instabilität und Gefährlichkeit der ursprünglichen Formulierung verdeutlicht.
4. Nichteinhaltung von Pfizer und EMA in Bezug auf Analyseverfahren, Sicherheitsdatenblätter und nicht deklarierte chemische Eigenschaften.
5. Bewusster Umgang mit giftigen Zusammensetzungen, zuvor von BioNTech patentiert.

Hilfsstoffe wurden nie getestet

Lipid-Nanopartikel (LNPs) bestehen aus vier spezifischen Lipidkomponenten: ALC-0315, ALC-0159, DSPC und Cholesterin. Diese Lipidkomponenten sind für die Bildung der kugelförmigen Nanoformen, die den mRNA-Strang im menschlichen Körper nach intramuskulärer Injektion schützen und transportieren, unerlässlich.

Allerdings sind die Lipidkomponenten ALC-0315 und ALC-0159, wie im Text hervorgehoben, in keinem nationalen oder europäischen Arzneibuch registriert und wurden noch nie zuvor in einem pharmazeutischen Produkt in Europa verwendet. Diese Hilfsstoffe sind auch nicht in „REACH", der europäischen Datenbank zur Bewertung und Zulassung chemischer Stoffe, registriert. Daher gelten diese beiden Komponenten als „neuartig" und ihr toxikologisches Profil ist unbekannt, insbesondere im Hinblick auf Karzinogenität und Genotoxizität (die Fähigkeit, zelluläre DNA zu schädigen).

Toxizität von ROS-Verbindungen (freie Radikale)

Das Studium von Dr. Segalla bestätigte, dass der Comirnaty-Impfstoff die Bildung von ROS-Verbindungen (Reactive Oxygen Species) verursachen kann, einschließlich freier Radikale, die ein hohes Potenzial für Karzinogenität, Genotoxizität und Mutagenität haben können.

Nach der intramuskulären Injektion verbleiben die Nanopartikel (im Gegensatz zu den Behauptungen zahlreicher Medien und Regierungsquellen) nicht an der Impfstelle, sondern gelangen teilweise in den Blut- und Lymphkreislauf. Sobald diese Nanopartikel im Körper verbreitet sind, können sie die Bildung von ROS in den Nieren, der Leber, dem Herzen, dem Gehirn, den Eierstöcken usw. verursachen, was zu Funktionsstörungen und Veränderungen dieser Organe führen kann.

Segalla weist auch in diesem Fall darauf hin, dass keine spezifischen Studien zur Karzinogenität, Genotoxizität und Mutagenität der durch Lipid-Nanopartikel erzeugten ROS-Substanzen, durchgeführt wurden.

All dies verstößt ausdrücklich gegen die Verordnung 2018/1881 der Europäischen Union, die die Pflichten der Hersteller hinsichtlich der verwendeten Nanopartikel festlegt: „... Die Bewertung sollte immer eine Aussage darüber enthalten, ob der Stoff oder gegebenenfalls seine Nanoformen die Anforderungen der Kriterien der Verordnung (EG) Nr. 1272/2008 zur

Einstufung in die Gefahrenklasse „Karzinogenität", Kategorie 1A oder 1B, in die Gefahrenklasse „Keimzellmutagenität", Kategorie 1A oder 1B, oder in die Gefahrenklasse „Reproduktionstoxizität", Kategorie 1A oder 1B [. ..]» erfüllen oder nicht.

Elektrolyte und neue Formulierung

In der Originalzusammensetzung des Comirnaty-Impfstoffs sind Elektrolytverbindungen gelöst, also Substanzen wie Säuren und Salze, die elektrischen Strom leiten können. Elektrolyte sind sowohl im Fläschchen mit dem Wirkstoff als auch in der Flüssigkeit, mit der es vor der Beimpfung verdünnt wird, vorhanden.

Das Vorhandensein von Elektrolyten führt zweifellos zu einer Instabilität des Produkts, was zu Aggregation und Agglomeration der Nanopartikel führen kann. Bei diesen Formationen handelt es sich um grobe Partikel der Nanopartikel, die während der Vorbereitungsphase unmittelbar vor der Beimpfung erzeugt werden können. Es ist zu beachten, dass die Vorbereitungsphase eine hohe operative Subjektivität beinhaltet, wie zum Beispiel „Die verdünnte Dispersion zehnmal vorsichtig auf den Kopf stellen", „Bei Vorhandensein von Partikeln oder im Falle einer Verfärbung den verdünnten Impfstoff nicht verwenden". Diese und andere Empfehlungen machen deutlich, dass das Produkt von Natur aus instabil ist und dass eine falsche Vorbereitungsphase die Eigenschaften des Produkts selbst verändern könnte.

All dies wirft zahlreiche Fragen zur Stabilität der chemisch-physikalischen Eigenschaften der Nanopartikel und zur Toxizität des Produkts auf, die vermutlich die Grundlage für die zahlreichen Nebenwirkungen nach der Impfung sein könnten, die weltweit beobachtet werden.

Die von der EMA im Oktober 2021 angekündigte neue Formulierung des Comirnaty-Impfstoffs: enthält keine Elektrolyte mehr, erfordert keine Verdünnung, kann bei 2–8 °C statt bei -90 °C gelagert werden. Die EMA selbst erklärt, dass die neue Formulierung ein „verbessertes Stabilitätsprofil" aufweist, und unterstreicht damit die Instabilität und die daraus resultierende Gefahr der vorherigen Formulierung.

Es ist zu beachten, dass die Bestände der alten Formulierung, die inzwischen bereits weltweit verkauft und vertrieben wurden, nie zurückgerufen wurden und daher davon ausgegangen wird, dass sie immer noch verabreicht werden, ohne dass der Patient darüber Bescheid weiß, was sicherlich nicht der Fall ist, welche Formulierung geimpft wird.

BioNTech-Patente

Dr. Segalla beschränkte sich nicht auf die toxikologische Bewertung der Verbindung selbst, sondern durchforstete die BioNTech-Patente, um zu verstehen, was das Herstellerunternehmen selbst zu den verwendeten Substanzen und den angewandten Methoden erklärte.

Insbesondere heißt es in einem BioNTech-Patent vom November 2019 in extremer Synthese und Vereinfachung, dass ein mRNA-Impfstoff:

- sollte keine Elektrolyte enthalten zur Vorbeugung von Aggregation und Agglomeration von Lipid-Nanopartikeln, um die oben genannten toxikologischen Folgen zu verhindern;
- sollte nicht intramuskulär injiziert werden, eine Methode, die zu weitere Instabilität der injizierten Flüssigkeit führen würde.

Diese im BioNTech-Patent enthaltenen Empfehlungen werden von BioNTech selbst offensichtlich missachtet, die für Milliarden von weltweit verabreichten Dosen Elektrolytverbindungen verwendet und intramuskuläre Injektionen empfohlen hat.

Ein „unvollkommenes" Arzneimittel – strafrechtliche Konsequenzen

Die vorherigen Absätze veranschaulichen in aller Kürze die Schlussfolgerungen von Dr. Segalla; für alle Details physikalischer, chemischer und biologischer Natur verweisen wir auf die Studie selbst, die in *Disinfection* und im *International Journal of Vaccine Theory, Practice, and Research* veröffentlicht wurde.

Was die Nebenwirkungen angeht, hebt Segalla auf der Grundlage der Analyse der Zusammensetzung eine „konsequente Heterogenität der Nebenwirkungen (Randomisierung) hervor, die potenziell von Charge zu Charge, von Fläschchen zu Fläschchen, von Impfarzt zu Impfarzt, von Geimpftem zu Geimpftem variieren kann." Eine Art unausweichliches, unkontrollierbares und nicht entzifferbares russisches Roulette».

Diese Analyse führt zu der Annahme, dass die Droge „instabil, unwirksam und unsicher" ist und daher unter die Definition einer „unvollkommenen Droge" fällt, deren Verabreichung ein strafbares Verbrechen darstellt: 443 (Handel oder Verabreichung fehlerhafter Arzneimittel) und 445 (Verabreichung von Arzneimitteln in einer für die öffentliche Gesundheit gefährlichen Weise) des Strafgesetzbuchs.

Wir müssen diese wertvolle Analyse mit einer weiteren Studie ergänzen, die notwendig ist, um die katastrophalen und verheerenden Auswirkungen dieser Seren, die zu Unrecht als „Impfstoffe" bezeichnet werden, besser zu verstehen.

Zu diesem Zweck habe ich einen Experten für Grafiken und statistische Analysen herangezogen, Ing. Giovanni Trambusti aus Florenz.

Die auf den Untersuchungen von Dr. Segalla basierenden und bereits in Catanzaro und Rom eingereichten Beschwerden fordern als Vorsichtsmaßnahme, um weitere schwerwiegende oder sogar tödliche unerwünschte Ereignisse in der italienischen Bevölkerung zu verhindern, die beweiskräftige und präventive Beschlagnahme des BioNTech-Pfizer Comirnaty Fläschchen in der Originalversion (lila Verschluss) und alle anderen derzeit im Vertrieb befindlichen mRNA-Impfstoffe.

In den Beschwerden wird die Staatsanwaltschaft außerdem aufgefordert, die AIFA und das Gesundheitsministerium sowie die Pharmaunternehmen selbst anzuweisen, im Namen des Staates die vereinbarten Lieferverträge vorzulegen.

Die Regierung führte das Gesundheitsregime ein, bei dem ein Gesundheitsministerium ohne wissenschaftliche Beweise eine Linderungskur mit Tachipirina auferlegte und alle Anweisungen des medizinischen Fachpersonals überwachte und den Einsatz von Entzündungshemmern verheimlichte und leugnete, was in Wirklichkeit entscheidend gewesen wäre!

Jeder, der die Inkonsistenz der ergriffenen Gesundheitsmaßnahmen vorwarf oder es wagte, über das vom „Regime" auferlegte Protokoll hinauszugehen, wurde suspendiert, ebenso wie mehrere Ärzte, die mit Disziplinarmaßnahmen verfolgt und suspendiert wurden, ohne ihren Beruf mehr ausüben zu können.

Einige Ärzte behandelten heimlich und unter absoluter Vertraulichkeit Kranke, selbst wenn es sich um einfache häusliche Pflege handelte, ohne Opfer des Virus zu melden (Ehre sei ihnen gegönnt)!

Ärzte, die öffentlich häusliche Pflege vorschlugen oder das Protokoll des Regimes in Frage stellten, wurden öffentlich angegriffen, in den Medien an den Pranger gestellt und sogar von der öffentlichen Meinung an den Rand der Gesellschaft gedrängt.

FALSCHE ANWENDUNG DER ZULASSUNGSVERORDNUNG AUF SERUM „COVID-19-IMPFSTOFFE"

In Italien wird die Verwendung von Arzneimitteln durch das Gesetzesdekret 219 vom 24. April 2006 (das das Gesetz der Europäischen Gemeinschaft 2001/83/EG umsetzt) geregelt.

Um in Italien „zirkulieren" zu können, muss jedes Arzneimittel die AIC (Marketinggenehmigung) erhalten, vorbehaltlich der Einhaltung der Bestimmungen des genannten Dekrets 219/2006.

Die Identitätskarte jedes Arzneimittels ist sein technisches Datenblatt (für wen ein Arzneimittel bestimmt ist, für welche Indikation, in welcher Dosierung). Das technische Datenblatt ist das Gesetz und es ist nur unter bestimmten Bedingungen möglich, davon abzuweichen (off label). Verwendung von Arzneimitteln, die im Gesetz 648/96 geregelt sind).

Mit diesen Annahmen:

1) Im technischen Datenblatt ist kein Arzneimittel zur Verhinderung der Übertragung des SARS-CoV-2-Virus angegeben (Voraussetzung der gesetzlichen Verpflichtung gemäß Gesetzesdekret Nr. 44) vom 1. April 2021), jedoch nur zur Vorbeugung der Krankheit.
2) Arzneimittel, die außerhalb des technischen Datenblatts verwendet werden (off label), das vom Nationalen Gesundheitsdienst (SSN) zu zahlen ist, muss die beiden im Gesetz 648/96 festgelegten Anforderungen erfüllen: das Vorhandensein von Phase-2-Studien zu der neuen vorgeschlagenen Indikation und die Aktualisierung einer Liste auf der AIFA-Seite unter Punkt 648/ 96 (bis heute nie aktualisiert). Im Amtsblatt (Nr. 121 vom 13. Juni 2021) steht auch klar, dass sie bei der Genehmigung der heterologen Dosis bei Pfizer und Moderna in diese Liste aufgenommen worden wären

... was aber nie passiert ist und ohne Veröffentlichung dieser Liste ist die Verabreichung von Arzneimitteln nicht möglich.

Am 15. Juni 2021 wird im Amtsblatt veröffentlich, dass AIFA Nr. GD/699/2021 vom 14. Juni 2021 die „Verwendung der Arzneimittel Comirnaty und Vaccine COVID-19 Moderna zur heterologen Impfung" bestimmt. Dies ist der Titel im Amtsblatt, der inhaltlich offensichtlich irreführend ist ... Lesen Sie einfach den Artikel. 1: „Aus den in der Einleitung genannten Gründen werden die Arzneimittel „Comirnaty" und „COVID-19 Vaccine Moderna" ausschließlich aus wissenschaftlichen Gründen in die Arzneimittelliste gemäß Gesetz Nr. 1 aufgenommen. 648/1996".

DIE LISTE WURDE NIE AKTUALISIERT, DAHER KÖNNTE KEIN ARZT IN DIESER RICHTUNG HANDELN, AUSSER UNTER VERLETZUNG DES DROGENGESETZES (219/2006).

Was die heterologe Dosis betrifft, so wurden die 3. und 4. Dosis auch im Amtsblatt durch Anwendung des Gesetzes 648/96 genehmigt, ohne dass es jemals eine einzige Aktualisierung der Liste gab und ohne, dass eine Phase-2-Studie zu der vorgeschlagenen Indikation durchgeführt wurde.

Die Impfung von Menschen mit einer Vorerkrankung hat nicht nur keine wissenschaftliche Begründung, sie war auch nicht gesetzlich im technischen Datenblatt vorgesehen: Nirgends steht geschrieben, dass eine Person, die an der Krankheit erkrankt ist, geimpft werden kann, geschweige denn, dass dies sicher erfolgen kann nach 90/120 Tagen. Den Pressemitteilungen des Istituto Superiore di Sanità sei nicht Folge zu leisten, da der Arzt die Angaben im technischen Datenblatt befolgen müsse.

In Übereinstimmung mit dem Gesetz 219/2006 hätten die AICs von Impfstoffen und die Chargen, die an schwerwiegenden unerwünschten Ereignissen beteiligt waren, vom Markt genommen werden sollen, aber auch hier wurde dies von allen ignoriert.

Dies sind die offensichtlichsten Verstöße auf strafrechtlicher Ebene, denn wenn die Drogenvorschriften nicht eingehalten werden, gerät das Leben der gesamten Bevölkerung in Gefahr. Leider wurde jedoch nichts unternommen.

Zusammenfassend hätte es zur Lösung des Problems der Arbeitnehmer, die aufgrund der Impfpflicht suspendiert wurden, gereicht zu sagen: „Ich beabsichtige, dieser Verpflichtung nachzukommen, aber da es derzeit KEINEN Impfstoff gibt (wie oben erläutert), kann ich der Verpflichtung nicht nachkommen aus Gründen, die nicht von meinem Willen abhängen.

«Veritas vos liberabit» ...: Die Wahrheit macht dich frei.

Ein beispielloses Ereignis?

Was ist in den letzten drei Jahren wirklich passiert? Das Hauptproblem, das jeder italienische Bürger in dieser Zeit erlebt hat, ist die kontinuierliche Flut von Informationen, eine echte „Infodemie". Was sind wichtige Informationen? Wie unterscheidet man die wirklich relevanten Daten? Wir wurden mit Zahlen, Zahlen, Zahlen überschwemmt ... oft völlig aus dem Zusammenhang gerissen. X Menschen sind heute an Covid gestorben. Ok, aber wie viele sterben in Italien normalerweise jeden Tag aus anderen Gründen? Sind es Menschen, die ohne Covid nicht gestorben wären oder die sowieso bald gestorben wären? Auf diese und andere Fragen gab es keine präzise und unmittelbare Antwort, also begann ich mit der Recherche, und es war sicherlich kein Kinderspiel.

Neben einer Auswahl relevanter Daten fehlten auch systematische Vergleiche mit der Vergangenheit. Die erste Frage, die ich mir stellte, war: Ist das ein beispielloses Ereignis?

Das Fernsehen lieferte keine Antwort, ISTAT lieferte sie. Das nationale Statistikamt begann im zweiten Quartal 2020 damit, nicht nur aktuelle Sterblichkeitsdaten, sondern auch Sterblichkeitsdaten der letzten zehn Jahre bereitzustellen. ISTAT stellt eine riesige Tabelle mit 4 Millionen Zeilen bereit, die die Toten von 2011 bis 2022 Tag für Tag, Gemeinde für Gemeinde, nach Geschlecht und Altersgruppe melden... eine Datenmenge, die mit der üblichen Software wie Microsoft Excel nicht verarbeitet werden kann. Anschließend habe ich meine eigene Originalsoftware entwickelt, die in der Lage war, die ISTAT-Daten auf verständliche Weise zu analysieren und darzustellen.

Mir ist klar, dass der durchschnittliche Journalist nicht über diese Art von Professionalität verfügt, ich verdiene damit meinen Lebensunterhalt, aber angesichts der Relevanz des Themas hätte man sich etwas mehr Mühe geben können. Hier ist eine der ersten Grafiken, die mir begegnet sind: Sterblichkeit aller Ursachen in Italien von 2011 bis Oktober 2022. Zu sehen sind die Sterblichkeitsspitzen im Winter, die seit jeher auf Atemwegserkrankungen zurückzuführen sind. Die Spitzenwerte der letzten 3 Jahre sind erkennbar; aber was ist im Winter 2016/2017 passiert? Der Spitzenwert ist etwas niedriger als die Aktuellen, aber nicht viel.

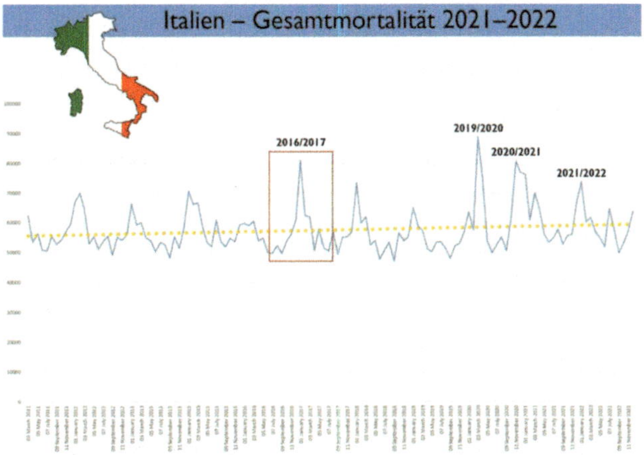

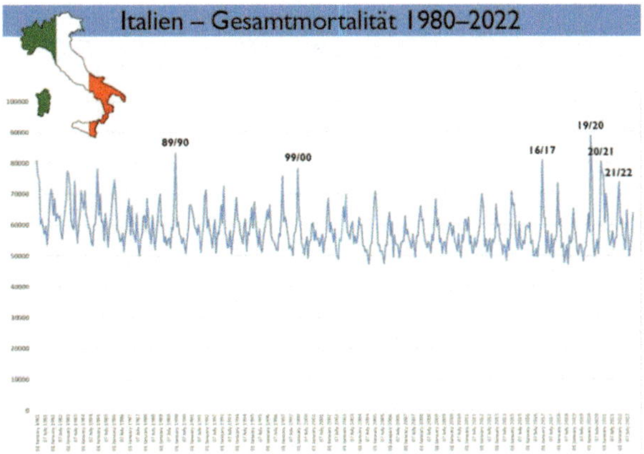

Gehen wir etwas weiter zurück (dank der UN-Daten, da ISTAT keine Daten vor 2011 bereitstellt ...), stellen wir fest, dass es in der Vergangenheit andere Spitzenwerte gegeben hat, die den aktuellen ähnlich waren.

Bei der Suche nach den Nachrichten aus dem Jahr 2017 stellt sich heraus – die Quelle ist Quotidiano Sanità –, dass aufgrund einer Grippeepidemie in einer Woche über den Erwartungen 3.400 über 65-Jährige starben, also fast 500 Todesfälle pro Tag. Eine Steigerung von 42 % gegenüber dem Durchschnitt der Vorjahre.

Haben wir also im Jahr 2020 einen Fehler gemacht, restriktive Maßnahmen anzuwenden, oder haben wir im Jahr 2017 einen Fehler gemacht, sie nicht anzuwenden? Diese Frage wartet auf eine medizinisch-wissenschaftliche Antwort, die nicht in meiner Verantwortung liegt, aber ich stelle mir die Frage.

Durch meine Software ist es möglich, die Sterblichkeit jeder einzelnen Gemeinde, Region oder Provinz zu visualisieren. Diese Analyse, die ich noch nie gesehen habe, fasziniert alle Leute, denen ich sie zeige. Dennoch sind die Daten vorhanden und werden von ISTAT zur Verfügung gestellt.

Hier ist die Grafik von Florenz; Der Höhepunkt 2016/2017 ist offensichtlich, vergleichbar mit den neueren und auf jeden

Florenz – Italien – Gesamtmortalität 2021–2022

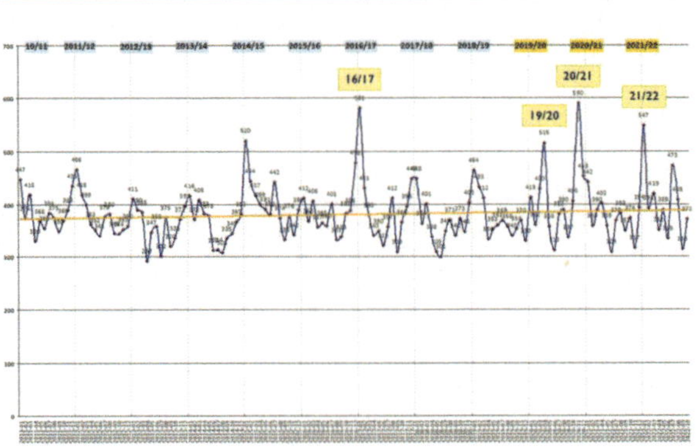

Roma - Italia - Mortalidad por todas las causas 2021-2022

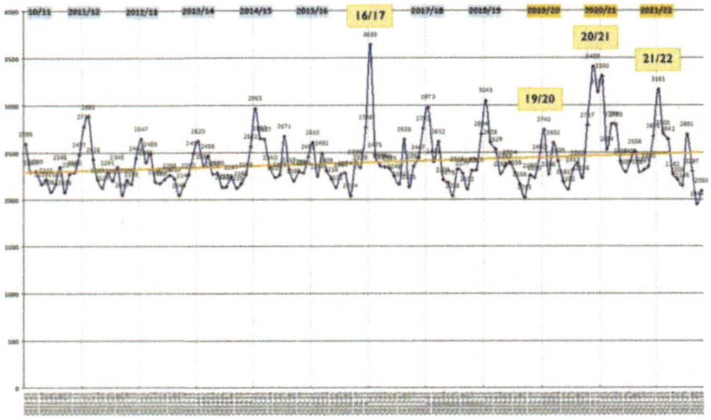

Neapel – Italien – Gesamtmortalität 2021–2022

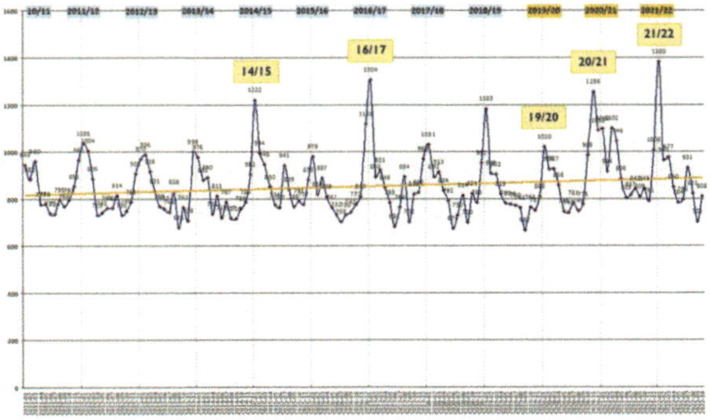

Mailand – Italien – Gesamtmortalität 2011–2022

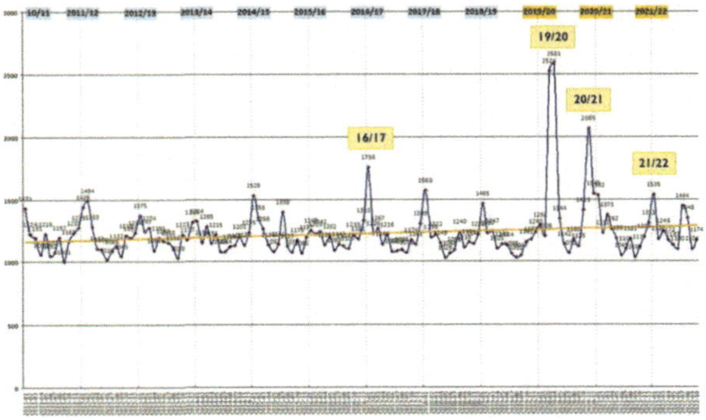

Fall höher als der der ersten Welle, die Toskana-Grafik ist sehr ähnlich.

Hier ist Rom, hier ist Neapel, wo es auch verschiedene Höhepunkte vor der Pandemie gibt.

Ein interessanter Test für mich war das Amatrice-Diagramm, in dem der dem Erdbeben entsprechende Höhepunkt auf tragische Weise deutlich zu erkennen ist. Kommen wir nun aber zum Norden, der von der ersten Welle hart getroffen wurde. Mailand hatte einen beispiellosen Höhepunkt, Turin ebenfalls, aber die beeindruckendsten Grafiken sind natürlich die von Bergamo, Brescia und anderen Städten. In Bergamo stieg sie von durchschnittlich 110 Todesfällen pro Monat auf einen Höchststand von 680 Todesfällen im März 2020.

Was ist in Bergamo passiert?

Diese Frage hat mich von den ISTAT-Daten abgekehrt und nach langer Recherche fand ich eine rätselhafte Tatsache. Hier ist eine italienische Studie aus dem Jahr 2021, veröffentlicht im *Tumori Journal*. Im Jahr 2019 legten Forscher Blutproben von Krebspatienten für zukünftige Untersuchungen zurück.

Im Jahr 2021 wurden diese Reagenzgläser analysiert und es stellte sich heraus, dass viele von ihnen im September 2019

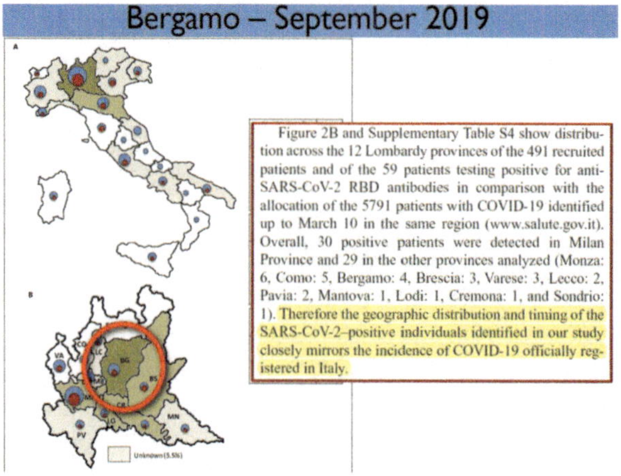

SARS-CoV-2-Antikörper im Blut hatten. In welchen geografischen Gebieten konzentrierten sich diese Coronavirus-positiven Proben? In der Lombardei, insbesondere in der Provinz Bergamo. In der Lombardei waren 53 % der Blutproben positiv, und sie stammten alle von asymptomatischen Personen.

Wenn man sich die Karte ansieht, erkennt man, dass sich das Virus im September 2019 genau in den geografischen Gebieten konzentrierte, die sechs Monate später, im März 2020, stark von der Covid-19-Erkrankung betroffen gewesen wären.

Die Forscher kommentieren, dass diese Entdeckung die Geschichte der Pandemie neu schreiben könnte. Die Erzählung von Patient Null, von Codogno und Vò Euganeo ist möglicherweise nicht korrekt oder zumindest unvollständig.

Hier ist mein Versuch einer Chronologie: Im September 2019 waren 53 % der Lombarden positiv auf SARS-CoV-2, also 6 Monate lang alle asymptomatisch. Was ist also im März 2020 passiert? Was hat die Krankheit ausgelöst? Was führte dazu, dass ein bereits weit verbreitetes Virus eine Krankheit verursachte, die es sechs Monate lang nicht verursacht hatte?

Ich bin kein Arzt und habe keine Antwort auf diese Frage.

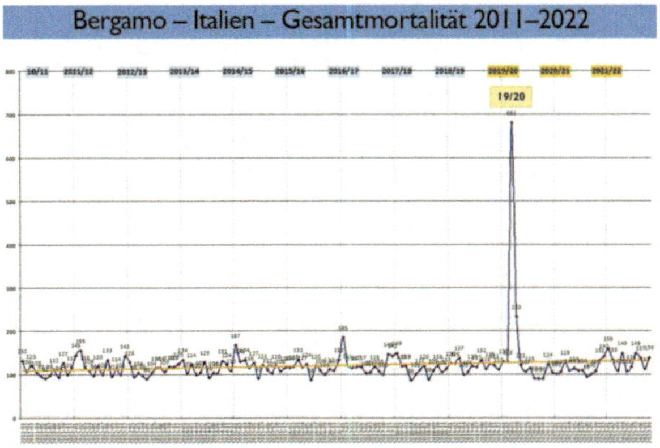

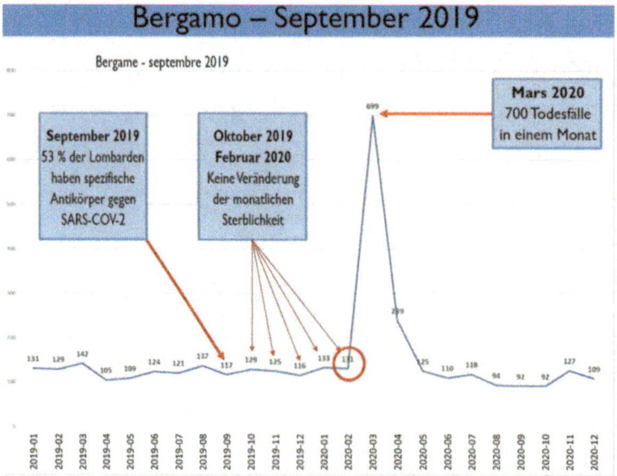

Was ist im Ausland passiert?

Um eine Pandemie zu verstehen, ist es wichtig, einen Blick auf das Geschehen im Ausland zu werfen. Diese Diagramme wurden mit meinem eigenen Softwaretool erstellt, die Rohdaten stammen von *mortality.watch*. Ich werde die saisonale Sterblichkeit zeigen, gemessen von Oktober bis September des folgenden Jahres: ein genaueres Maß für die Sterblichkeit von Januar bis Dezember, da dadurch die gesamte maximale Sterblichkeit im Winter in zwei Teile geteilt würde.

Hier ist die Grafik der Gesamtmortalität in Frankreich. 2019/2020: Die erste Welle entspricht aufgrund der Alterung der Bevölkerung völlig dem Wachstumstrend der Vorjahre. Die zweite Welle ist ausgeprägter, da die Impfkampagne bereits gestartet ist. Die dritte Welle (2021/2022) ist der ersten trotz der inzwischen voll funktionsfähigen Impfkampagne überlegen. Die monatliche Grafik ab 1980 zeigt mehrere andere ähnliche Sterblichkeitsspitzen wie die jüngste, beispielsweise in den Jahren 2009 und 2017.

Deutschland ist ein sehr interessanter Fall. Nach einer noch geringeren Sterblichkeit als in den Vorjahren während der ersten Welle des Jahres 2020 kam es in den folgenden beiden

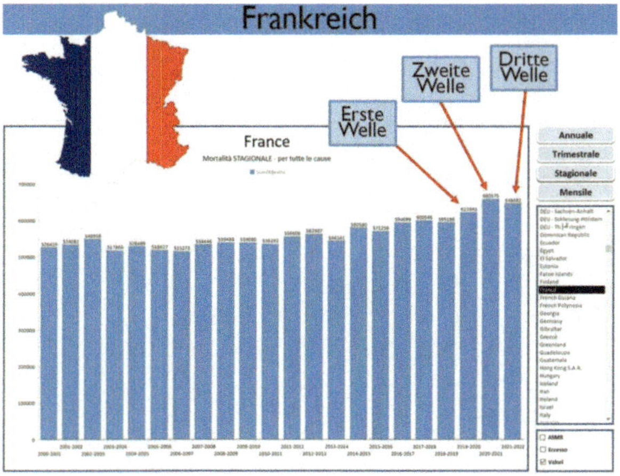

Saisons trotz der Impfkampagne mit hohen Impfraten zu einem deutlichen Anstieg.

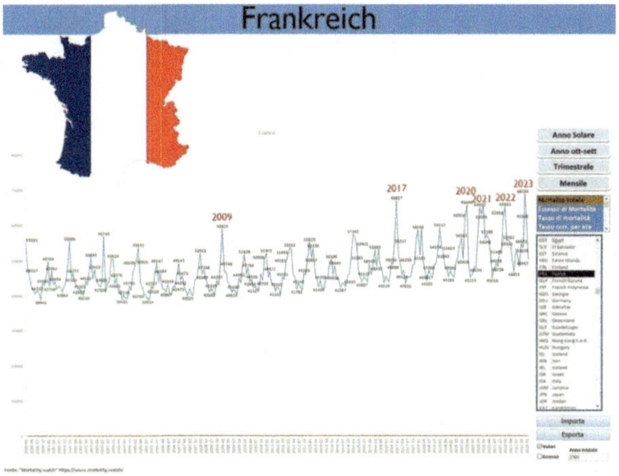

Schweden ist ein weiterer symbolträchtiger Fall: Die erste Welle des Jahres 2020 hebt sich nicht von den Vorjahren ab, obwohl (der einzige Fall in Europa) keine Einschränkungen verhängt wurden: Kinder in der Schule, Geschäfte geöffnet, Sport erlaubt, Bewegungsfreiheit, keine Ausgangssperre, keine Maske und so weiter. In den Folgejahren, der zweiten und dritten Welle, liegt die Sterblichkeit völlig im Rahmen.

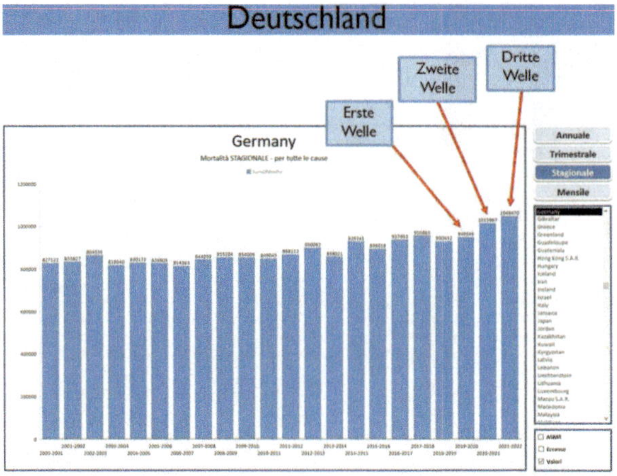

Aus der Monatsgrafik sind die Spitzenwerte der 90er-Jahre sehr deutlich zu erkennen, sogar höher als die jüngsten. In einer Reuters-Story heißt es: „Coronavirus treibt die Todesfälle in Schweden auf den höchsten Stand seit April 1993“ und gibt damit ausdrücklich zu, dass es sich hierbei nicht um ein beispielloses Ereignis handelt!

Der damalige Leiter des schwedischen Statistikamtes kommentiert: „Niemand erinnert sich daran, was damals (1993 und 2000) geschah.“ Es gab eine schlimme Grippeepidemie, aber das erregte nicht viel Aufmerksamkeit.“

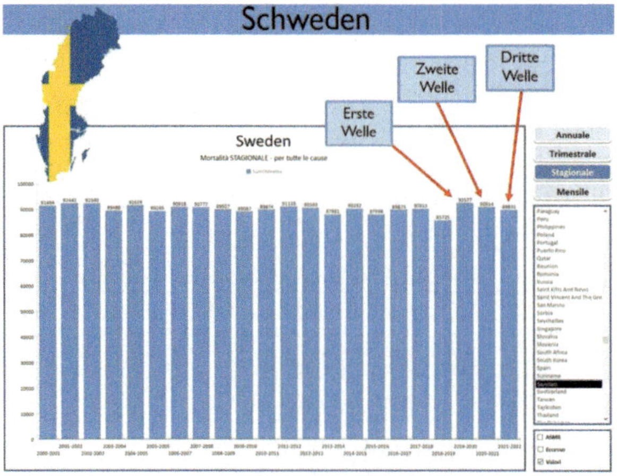

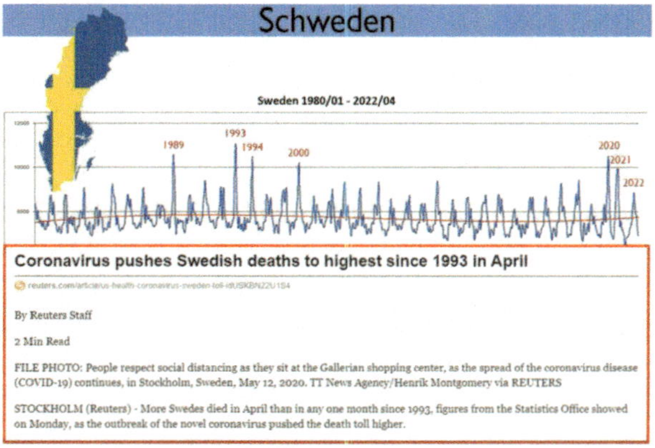

Coronavirus pushes Swedish deaths to highest since 1993 in April

reuters.com/article/us-health-coronavirus-sweden-toll-idUSKBN22U154

By Reuters Staff

2 Min Read

FILE PHOTO: People respect social distancing as they sit at the Gallerian shopping center, as the spread of the coronavirus disease (COVID-19) continues, in Stockholm, Sweden, May 12, 2020. TT News Agency/Henrik Montgomery via REUTERS

STOCKHOLM (Reuters) - More Swedes died in April than in any one month since 1993, figures from the Statistics Office showed on Monday, as the outbreak of the novel coronavirus pushed the death toll higher.

https://www.reuters.com/article/us-health-coronavirus-sweden-toll-idUSKBN22U154

Belgien hatte während der ersten Welle mehr Todesfälle, berechnet pro Millionen Einwohner, als alle europäischen Länder. Hier ist, was das staatliche statistische Institut Belgiens, StatBel, zu diesem Thema sagte: „Was die Sterblichkeitsrate aller Ursachen angeht, steht 2020 sicherlich nicht an erster Stelle." Die Sterblichkeitsrate im Jahr 2020 ist ungefähr gleich hoch wie in den 1980er Jahren." Dies geschah in dem am stärksten von Covid betroffenen Land in Europa.

Ich glaube, ich habe die Frage beantwortet: „Ist das ein beispielloses Ereignis?".

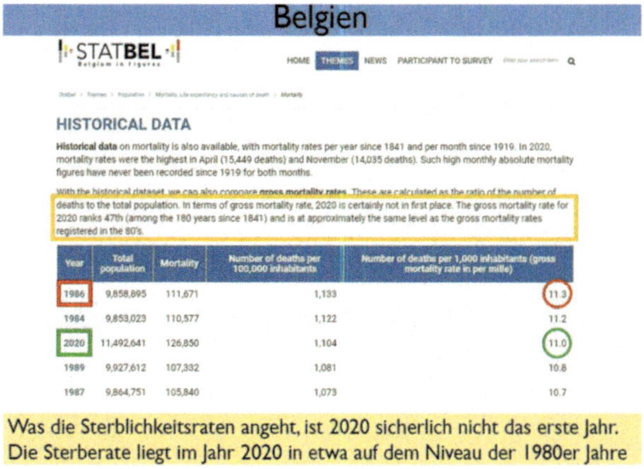

HISTORICAL DATA

Historical data on mortality is also available, with mortality rates per year since 1841 and per month since 1919. In 2020, mortality rates were the highest in April (15,449 deaths) and November (14,035 deaths). Such high monthly absolute mortality figures have never been recorded since 1919 for both months.

With the historical dataset, we can also compare **gross mortality rates**. These are calculated as the ratio of the number of deaths to the total population. In terms of gross mortality rate, 2020 is certainly not in first place. The gross mortality rate for 2020 ranks 47th (among the 180 years since 1841) and is at approximately the same level as the gross mortality rates registered in the 80's.

Year	Total population	Mortality	Number of deaths per 100,000 inhabitants	Number of deaths per 1,000 inhabitants (gross mortality rate in per mille)
1986	9,858,895	111,671	1,133	11.3
1984	9,853,023	110,577	1,122	11.2
2020	11,492,641	126,850	1,104	11.0
1989	9,927,612	107,332	1,081	10.8
1987	9,864,751	105,840	1,073	10.7

Was die Sterblichkeitsraten angeht, ist 2020 sicherlich nicht das erste Jahr.
Die Sterberate liegt im Jahr 2020 in etwa auf dem Niveau der 1980er Jahre

https://statbel.fgov.be/en/news/2020-126850-inhabitants-died-belgium

Hat der Lockdown gerettet oder getötet?

Während alle Nationen davon sprachen, „die Kurve mit Lockdowns zu ändern", wurden in Schweden andere Ideen vertreten. Gab es wissenschaftliche Veröffentlichungen, die die Wirksamkeit vergangener Lockdowns beschrieben? Sicherlich nicht.

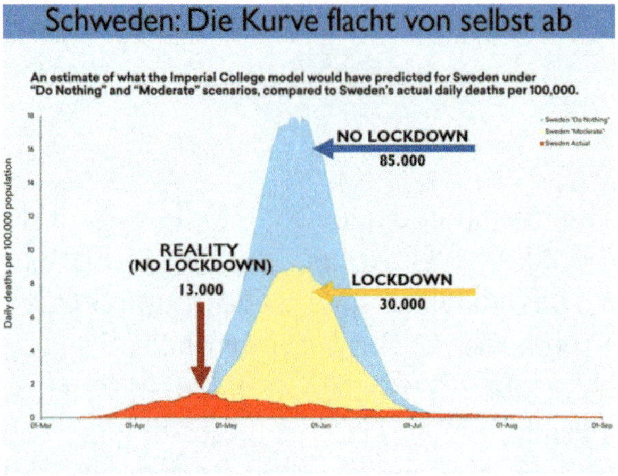

Als Schweden ankündigte, dass es nicht die gleichen restriktiven Maßnahmen anwenden würde wie andere westliche Länder, allen voran Italien, beeilten sich viele, Kassandra zu machen.

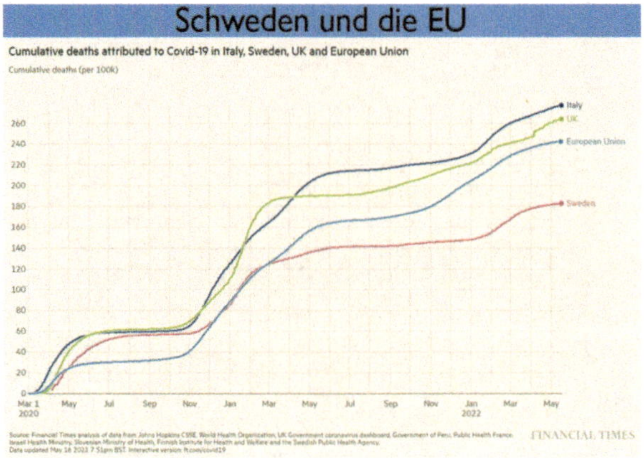

Das Imperial College London schätzte, dass ohne den Lockdown in Schweden zwischen März und September 2020 bis zu 85.000 Menschen gestorben wären. Stattdessen wären bei einer Schließung wie in Italien „nur" 30.000 Menschen gestorben. Die Realität ist, dass von März bis September rund 13.000 Menschen starben. Alles ohne höhere Sterblichkeitsraten als in den 1990er Jahren zu verursachen.

Schweden erzielte ein besseres Ergebnis als Italien und das Vereinigte Königreich, besser als der Durchschnitt der europäischen Länder: Dies geht aus der bis 2023 aktualisierten kumulativen Sterblichkeitsgrafik hervor.

Im März stieg die Zahl der Todesfälle in Italien von Tag zu Tag ununterbrochen an und als sie schließlich zu sinken begann, hieß es, „der Lockdown habe es geschafft, die Kurve der Infektionen zu krümmen". Sogar in Schweden ist die Zahl der Todesfälle gestiegen, jedoch nicht auf italienischem Niveau, und selbst dort begann sie ab einem bestimmten Zeitpunkt zu sinken. Wer oder was hat die Kurve in Schweden verändert? Sicherlich nicht der Lockdown.

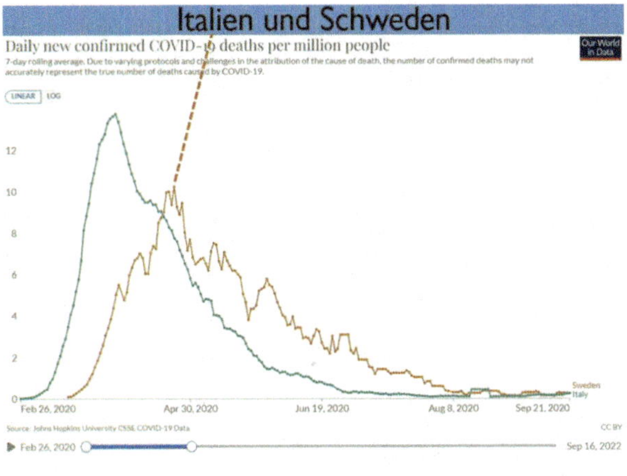

Obwohl Schweden eine geringere Bevölkerungsdichte als Italien aufweist, konzentrieren sich 90 % der schwedischen

Bevölkerung im Süden, und Städte wie Stockholm weisen eine mit italienischen Städten vergleichbare Dichte auf.

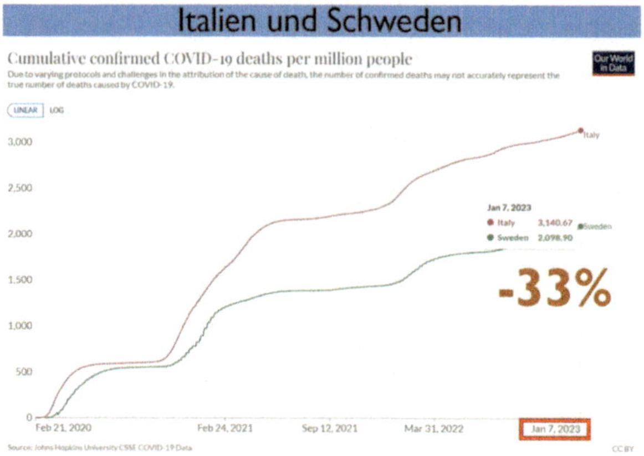

Aus einer kumulativen Grafik der Covid-Todesfälle – die Daten stammen von der Johns Hopkins University, einer der renommiertesten Universitäten in den USA – geht hervor, dass Schweden insgesamt 33 % weniger Todesfälle zu verzeichnen hat als Italien.

Hat der Lockdown in den USA funktioniert?

Es ist interessant zu analysieren, was in den USA passiert ist, da einige Staaten den „Stay at home“, also den Lockdown, nicht verhängt haben: Sie sind auf der folgenden Karte in Grün zu sehen. Festzuhalten ist auch, dass die Sterblichkeit in den „grünen“ Bundesstaaten im Durchschnitt niedriger war als in den Bundesstaaten, die den Lockdown verhängt haben. Viele kleine Schweden.

Schauen wir uns konkret und nacheinander an: North Dakota, Nebraska und Florida haben eine geringere Zahl an Todesfällen als die Nachbarstaaten, Arkansas liegt im Durchschnitt.

USA – Staaten, die keinen Lockdown verhängt haben

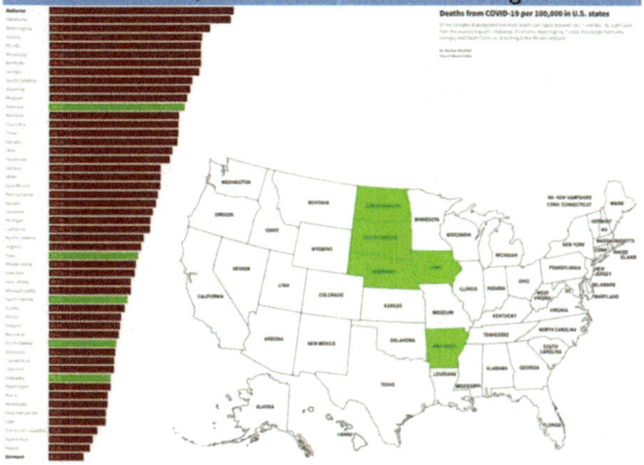

NORTH DAKOTA

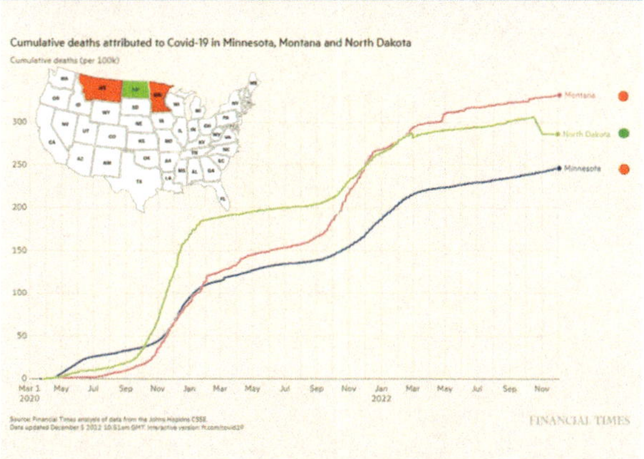

NEBRASKA

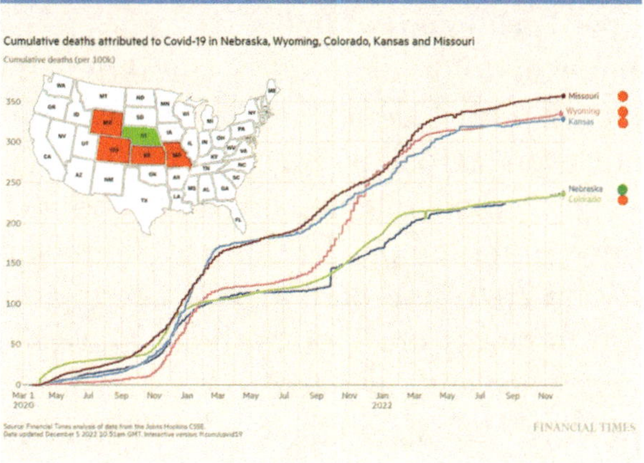

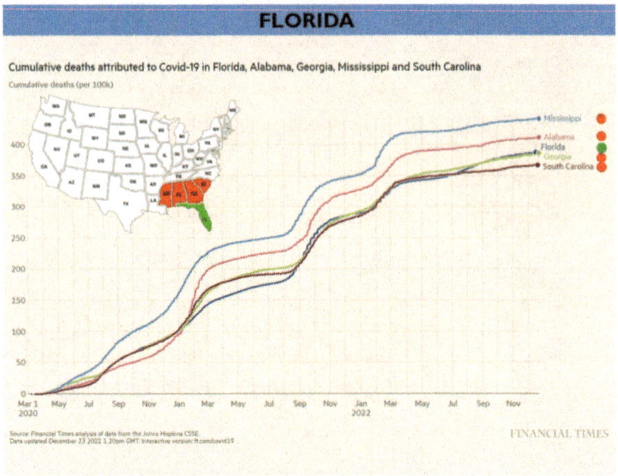

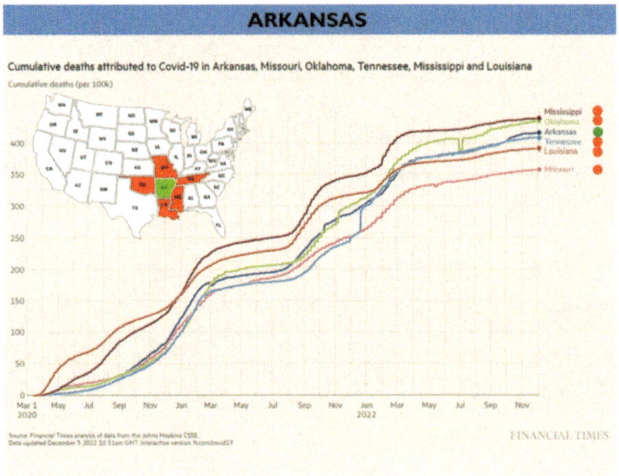

Die Toten des Lockdowns in Italien

Mich interessiert vor allem die Analyse der Ereignisse in Italien im März und November 2020, den beiden Monaten mit dem höchsten Sterblichkeitsgipfel.

In der Regel sterben in Italien im März rund 58.000 Menschen, so der Durchschnitt der 5 Vorpandemiejahre 2015-2019. Bis März 2020 sind 86.000 Menschen gestorben, das sind 28.000 mehr als der Durchschnitt. Diese Zahl nennt man „Übersterblichkeit", also Tote, deren Tod nicht zu erwarten war. Im März berichteten die Nachrichten über die tägli-

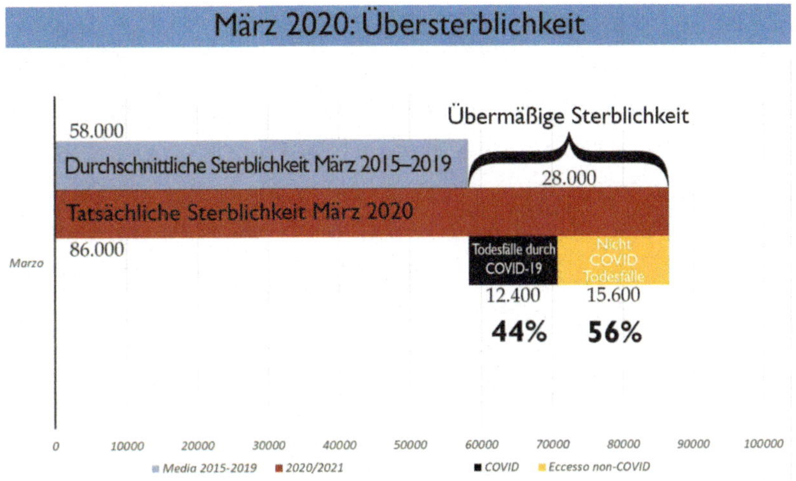

che Zahl der Todesfälle: „Gestern 500 Tote, heute 600 Tote usw." – Zahlen, die vielen übertrieben erschienen. Die Wahrheit aber ist, dass jeden Tag viel mehr starben, als in den Nachrichten berichtet wurde! Aber aus anderen Gründen.

Wie viele Menschen starben laut Katastrophenschutz im März 2020 an Covid? Ungefähr 12.400 von über 28.000. Woran starben die anderen 15.600? Das sind übermäßige Todesfälle, über die noch nie jemand gesprochen hat.

Im Mai 2020 bemerkte ISTAT zum allgemeinen Schweigen diesen Überschuss an „nicht-covidischer" Sterblichkeit und formulierte drei Hypothesen:

- nicht anerkannte Covid Tode, d. h. diejenigen, die keinem Abstrich unterzogen wurden;
- Todesfälle aus anderen Gründen aufgrund der Krise im Krankenhaussystem (Behandlung schlecht durchgeführt oder sogar abgelehnt);
- starb zu Hause aus Angst, ins Krankenhaus zu gehen und sich anzustecken.

Die erste Hypothese, die Todesfälle durch Covid ohne Abstrich, weiß ich nicht genau zu bewerten, aber ich glaube nicht, dass es viele gibt. Im März 2020 waren die meisten übermäßigen Todesfälle auf die Lockdowns selbst und den Medienterrorismus zurückzuführen: Viele Menschen wurden im Krankenhaus nicht „aufgenommen", andere hatten Angst und verließen nicht einmal das Haus, um in die Notaufnahme zu gehen.

Im November 2020 wiederholte sich das Phänomen in gewohnter Weise: 27.000 Todesfälle mehr als im Durchschnitt der letzten 5 Jahre, aber nur 17.000 Covid-Tote von 27.000. Erzähl mir nicht, dass im November 2020 keine Abstriche gemacht wurden! Woran sind also nochmal die anderen 10.000 Menschen gestorben? Meine Antwort ist wieder: des Lockdowns!

Hilfe beim Verständnis der Ursachen liefert eine Studie der Universität Pavia aus dem Jahr 2021. Ich zitiere wörtlich: „Im Jahr 2020 gab es 750.000 Todesfälle." Eine Zahl von mehr als 108.000 im Vergleich zum Durchschnitt der Todesfälle zwischen 2015 und 2019. Dies ist die Übersterblichkeit, die nur zu 43 % auf Coronavirus-Infektionen zurückzuführen ist. Im Anstieg der Sterblichkeit finden wir sowohl Covid- als auch Nicht-Covid-Todesfälle, auch verursacht durch mangelnde medizinische Versorgung». Ich betone, dass es NICHT um eine falsche oder versäumte Behandlung von Covid-Patienten geht; Hier geht es um Behandlungen, die nicht vom öffentlichen Gesundheitswesen für diejenigen durchgeführt werden, die NICHT an Covid, sondern an anderen Ursachen gestorben sind; Daher handelt es sich, wie ISTAT behauptet, um eine Krise im Krankenhaussystem oder um den Terror, der die Menschen zu Hause eingesperrt hat. Zusammenfassend: Lockdown-Todesfälle.

Konkret sind hier die tragischen Zahlen des Jahres 2020: nach Angaben der Universität Pavia:
- 1.300.000 Krankenhauseinweisungen weniger als 2019
- 620.000 Operationen verpasst

- 750.000 geplante Krankenhauseinweisungen abgesagt
- 550.000 dringende Krankenhausaufenthalte abgesagt
- minus 20% von Herzschrittmacherimplantaten
- minus 20% der Herzchirurgie
- weniger als 13% der onkologischen Krankenhauseinweisungen
- 90.000.000 Laboranalysen weniger.

Haben die Masken Infektionen begrenzt?

Sowohl die Masken als auch der „"Impfpass" wurden eingeführt, um „Infektionen zu reduzieren", „eine sichere Umgebung zu schaffen" und so weiter. Versuchen wir herauszufinden, ob es wahr ist, indem wir die internationalen Statistiken im Nachhinein analysieren.

In den USA haben einige Staaten, wie schon bei den Lockdowns, die Maskenpflicht nicht eingeführt. Auf dieser Karte sind die Staaten, die dies nicht vorgeschrieben haben, in grau markiert. South Dakota hat es beispielsweise nicht eingeführt, North Dakota dagegen schon. Dies sind zwei Nachbarstaaten, die sich was Klima, Geographie und Bevölkerung betrifft sehr ähnlich sind.

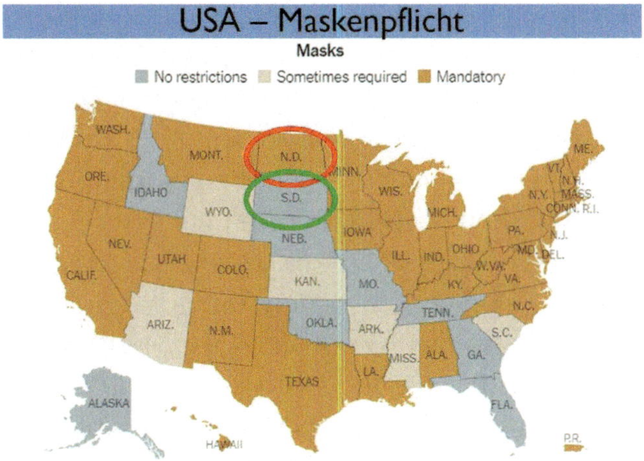

https://datainnovation.org/2020/11/visualizing-coronavirus-restrictions-and-mask-mandates-in-the-united-states/

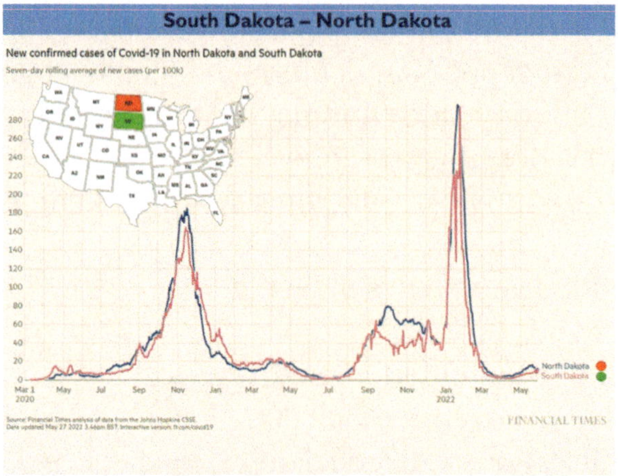

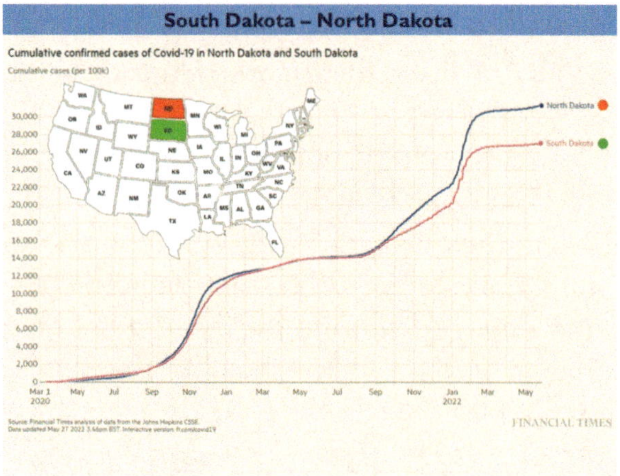

Aus der grafischen Darstellung der Fälle ist sofort ersichtlich, dass die Entwicklung in beiden Staaten nahezu identisch ist. Wenn wir uns hingegen die kumulative Fallkurve ansehen, können wir sogar erkennen, dass South Dakota ohne Maskenpflicht einen gewissen Vorteil hatte.

Wenn man die Analyse auf die anderen Staaten ausdehnt, verglichen mit den Nachbarstaaten, die die Verpflichtung eingeführt hatten, kann man verstehen, dass Montana und Wyoming durchschnittliche Ergebnisse erzielten, Nebraska unterdurchschnittlich, Oklahoma durchschnittlich; Missouri war der beste seiner Nachbarn, ebenso wie Florida.

Und in Italien? Festzuhalten ist nur, dass die Outdoor-Maskenpflicht im Oktober 2020 verhängt wurde: und unmittelbar danach kam es zu einem massiven Anstieg der Fälle, der deutlich höher war als im März/April.

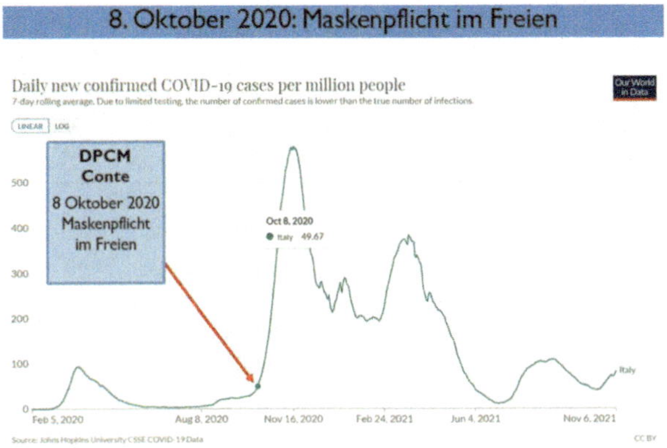

Eine weitere interessante Fallstudie sind die europäischen Staaten. Die Liste, die Sie sehen, zeigt die „Adoptionsrate", also wie viel Prozent der Bevölkerung die Maske getragen hat. Gelb markiert sind die Staaten, in denen der Anteil weniger als 60 % betrug. Das undisziplinierte Schweden steht an letzter Stelle (das, wie wir uns erinnern, weniger Todesfälle als der europäische Durchschnitt hatte), Italien und Spanien als erster in der Klasse für Disziplin.

Wenn wir die Liste nach den positiven Fällen neu ordnen, sehen wir, dass die Staaten, die in gelb markiert sind, streuen; Es besteht daher kein Zusammenhang zwischen der Häufigkeit des Tragens einer Maske und den Ansteckungsfällen. Ordnet man die Tabelle nach der Zahl der Todesfälle pro Millionen Einwohner um, fällt stattdessen auf, dass es im unteren Teil mehr gelbe Staaten gibt, also dort, wo es weniger Todesfälle gab.

Meine Schlussfolgerung ist, dass die Auferlegung der Maske keinen wirklichen Vorteil bringt: Es scheint wirklich

Nazione	Adozione media mascherina	Casi / milione	Morti / milione
Czechia	52%	137494	2418
Hungary	77%	64704	2064
Slovenia	69%	101198	1879
Bulgaria	55%	46405	1784
Slovakia	76%	128326	1779
Bosnia and Herzegovina	40%	43078	1738
North Macedonia	67%	52048	1413
Portugal	84%	70056	1397
United Kingdom	62%	57689	1363
Croatia	29%	60039	1334
Poland	72%	57966	1315
Lithuania	74%	75664	1252
Italy	91%	54310	1223
Belgium	71%	66905	1135
Romania	81%	42898	1121
Republic of Moldova	66%	48045	1102
Northern Ireland	68%	54567	1039
Latvia	64%	52493	972
Spain	95%	55480	968
Austria	55%	56237	959
France	76%	58354	928
Switzerland	53%	62669	927
Germany	57%	29671	791
Sweden	5%	70356	759
Greece	84%	23722	745
Ukraine	67%	34298	686
Albania	53%	40990	679
Estonia	64%	78525	639
Netherlands	51%	68009	596
Ireland	71%	40270	587
Serbia	54%	64829	521
Denmark	14%	34942	312
Belarus	55%	25595	149
Finland	46%	12252	100
Norway	29%	15340	75

so, als hätte das Virus trotz dieser überbewerteten Mittel des individuellen Schutzes sein Ziel erreicht.

Hat der Impfpass eine sichere Umgebung geschaffen?

Was den Impfpass angeht, ist zu bedenken, dass die Impfstoffhersteller in den Packungsbeilagen deutlich geschrieben haben, dass ihre Produkte der „Prävention der CoViD-19-Erkrankung" dienen, während die Verordnungen im Amtsblatt Gazzetta Ufficiale der den „Impfpass" eingeführt hat, von „Infektionsprävention" sprechen.

Somit wurde die Ursache (Virus) gegen die Wirkung (Krankheit) ausgetauscht!

Auch wenn man kein Arzt ist, ist jedem klar, dass wir es hier mit einem gravierenden Widerspruch zu tun haben: Ein Produkt wurde für einen Zweck verwendet, für den es zugegebenermaßen unwirksam ist. Ihre Durchsetzung ist von vornherein ein Loch im Wasser und eine Verletzung der elementarsten „Menschenrechte".

Wenn wir uns die Chronologie der Einführung des Impfpasses in Italien ansehen, stellen wir fest, dass die grafische Entwicklung der Fälle mit der Ausweitung seiner Verwendung völlig konstant blieb. Als dann der Impfpass „gestärkt" wurde und die Gültigkeit der Schnelltests ausschloss, schossen die Fälle in die Höhe wie nie zuvor. Ein bisschen wie bei den Masken im Jahr 2020…

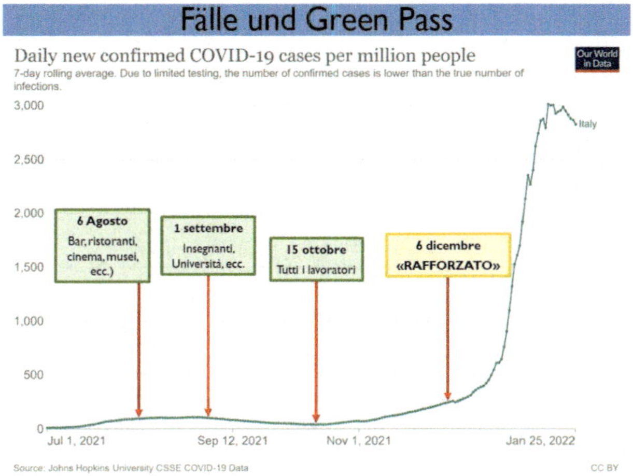

Der Grund, warum dies geschah, ist völlig klar, schauen Sie sich nur die Tabellen des Vereinigten Königreichs an, die viel expliziter und direkter sind als die von anderen Nationen, einschließlich Italiens. Dies ist die offizielle Situation der Positiven, die von der britischen Regierung im Januar 2022 veröffentlicht wurde. Ich habe diese Woche ausgewählt, weil sie mit der schlimmsten Zeit in der jüngeren italienischen Geschichte zusammenfällt, als Millionen von Arbeitnehmern gezwungen waren, sich impfen zu lassen, krank zu werden oder ihre Arbeit aufzugeben.

Betrachten wir die Vierzigjährigen: In der linken Spalte sehen wir bei einer Stichprobe von 100.000 Einwohnern etwa 5.400 positive Vierzigjährige unter den Geimpften, während wir unter den Ungeimpften nur 2.200 finden. Was bedeutet das? Der Impfstoff zeigt eine negative Wirksamkeit hinsichtlich der Ansteckung: Es ist offensichtlich, dass die geimpfte Person leichter infiziert wird, sie ist prädisponiert, positiv zu sein. Statt wie angepriesen bei +95 % liegt die Wirksamkeit bei -151 %.

Man versteht deshalb, dass die Tatsache das grüne Licht der Geimpften zu geben, während man die Freiheiten der Ungeimpften beschränkte, die Ansteckung eher begünstigt hat als eingedämmt.

Geimpfte versus ungeimpfte Positive im Vereinigten Königreich

UK Health Security Agency

Week 1

6 January 2022

	Unadjusted rates among persons vaccinated with 2 doses (per 100,000)[1,2]	Unadjusted rates among persons not vaccinated (per 100,000)[1,2]	Efficacia
Under 18	1,827.4	2,961.6	38%
18 to 29	7,221.4	3,240.8	-123%
30 to 39	6,383.9	2,686.6	-138%
40 to 49	5,393.8	2,147.2	-151%
50 to 59	3,738.4	1,721.9	-117%
60 to 69	2,266.3	1,194.3	-90%
70 to 79	1,347.6	862.0	-56%
80 or over	1,055.0	981.5	-7%

Eine negative Wirksamkeit bedeutet eine Prädisposition für eine Infektion im Vergleich zu einer ungeimpften Person. Diese Informationen machen die Logik des Green Pass ungültig und kehren sie um.

https://www.gov.uk/government/publications/covid-19-vaccine-weekly-surveillance-reports

Im Frühjahr 2022 stellte das Vereinigte Königreich die Veröffentlichung dieser Tabellen ein, da sie von den No-Vax-Bewegungen falsch interpretiert wurden. Das Gleiche geschah in Schottland. Sogar in den USA hat das CDC, das unserem Gesundheitsministerium entspricht, zugegeben, dass es bisher zurückhaltend war, Daten zu Fällen und Todesfällen nach Impfstatus zu veröffentlichen, weil diese falsch interpretiert werden und den Eindruck erwecken könnten, dass Impfstoffe unwirksam seien.

Betrachten wir abschließend noch eine französische Studie zur Wirksamkeit von Boostern, also der dritten und vierten Dosis. Aus der Grafik, die sich auf Moderna bezieht, wird deutlich, dass die dritte Dosis bei einer Wirksamkeit von 50

Datenzensur: Schottland

Covid data will not be published over concerns it's misrepresented by anti-vaxxers

17th February 2022

HEALTH

https://uk.sports.yahoo.com/news/covid-data-stop-being-published-114056378.html

% beginnt (und schon gar nicht bei 95 %, wie angegeben) und innerhalb von 6 Monaten die Wirksamkeit bei null liegt. In den folgenden Monaten kehrt sich die Wirksamkeit um! Es ist paradox, aber die Grafik beweist, dass eine geimpfte Person nach ein paar Monaten mehr infiziert ist (und ansteckt) als eine nicht geimpfte Person!

Frankreich, ModeRNA: Wirksamkeit des ersten und zweiten Boosters

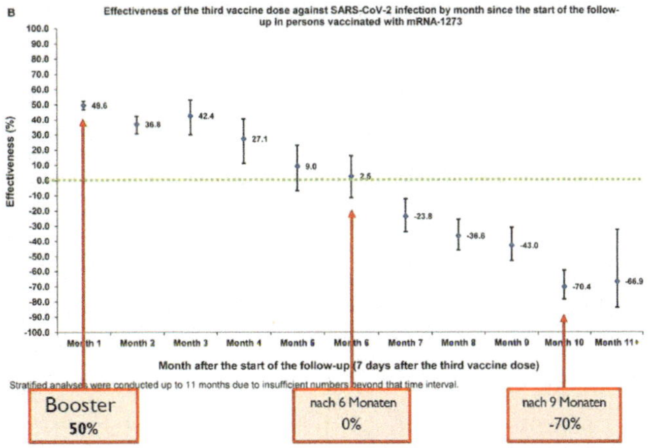

Es ist daher wissenschaftlich erwiesen, dass die Wirksamkeit negativ wird. Obwohl ich kein Arzt bin, verstehe ich vollkommen, dass eine Veranlagung zur Positivität nichts anderes als eine Schädigung des Immunsystems ist, welches jetzt schlechter funktioniert als vor der Impfung.

Weniger Antikörper bei Geimpften

UK Health Security Agency

COVID-19 vaccine surveillance report

Week 42

Seropositivity estimates for S antibody in blood donors are likely to be higher than would be expected in the general population and this probably reflects the fact that donors are more likely to be vaccinated. Seropositivity estimates for N antibody will underestimate the proportion of the population previously infected due to (i) blood donors are potentially less likely to be exposed to natural infection than age matched individuals in the general population (ii) waning of the N antibody response over time and (iii) recent observations from UK Health Security Agency (UKHSA) surveillance data that N antibody levels appear to be lower in individuals who acquire infection following 2 doses of vaccination.

Eine negative Wirksamkeit bedeutet eine Prädisposition für eine Infektion im Vergleich zu einer ungeimpften Person. Diese Informationen machen die Logik des Green Pass ungültig und kehren sie um.

https://www.gov.uk/government/publications/covid-19-vaccine-weekly-surveillance-reports

Das Vereinigte Königreich hat außerdem eingeräumt, dass bei der „doppelten Dosis" bei Infizierten ein geringerer Antikörperspiegel festgestellt wird als vor der Impfung. Diese Einschätzung erschien in einer offiziellen Veröffentlichung der britischen Gesundheitsbehörde Health Security Agency im Vaccine Surveillance Report für Woche 42 des Jahres 2021.

Der unedle 14-Tage-Trick

Italien hat zwischen Geimpften und Ungeimpften gespalten: Jede der beiden Fraktionen hat versucht, mit mehr oder weniger offiziellen Statistiken und Daten Wasser in ihre Mühlen zu bringen. Aber eine Statistik ist nur dann authentisch, wenn sie die Realität der Fakten widerspiegelt.

Was ist ein Geimpfter? Im einfachen gesunden Menschenverstand ist eine „geimpfte" Person jemand, der sich der Impfung unterzogen hat; und gehört ab dem Moment, in dem das Serum mit der Nadel in den Arm injiziert wird in der Impfstelle, zur Kategorie „geimpft".

Scheint logisch, oder? Und doch sind die Dinge nicht so. Der Punkt ist, dass die vermeintliche Immunität gegen die Krankheit CoViD-19, also die Produktion von Antikörpern gegen SARS-CoV-2, nicht augenblicklich erfolgt. Die Wissenschaft sagt uns, dass es etwa zwei Wochen dauert, bis sich eine Immunität entwickelt, sodass ein „Geimpfter" nur einer erst 14 Tage nach der Impfung ist.

Was passiert also, wenn jemand leider am Tag der Impfung oder 13 Tage danach an einem unerwünschten Ereignis stirbt? Oder wenn er in diesen zwei Wochen an Covid erkrankt und stirbt? Er stirbt „ungeimpft", um es klarer zu sagen: Er landet trotz Impfung in der Statistik „nicht geimpft".

Wie werden in Italien geimpfte und ungeimpfte Personen gezählt?

Infezioni da SARS-CoV-2,
ricoveri e decessi associati a COVID-19
direttamente evitati dalla vaccinazione

Italia, 27 dicembre 2020 – 31 gennaio 2022

NOTA TECNICA

3.2. Copertura vaccinale nella popolazione italiana

In questo rapporto i soggetti vaccinati sono stati classificati: come vaccinati incompleti se avevano ricevuto solo la prima dose di un vaccino a due dosi (vaccini Comirnaty, Spikevax e Vaxzevria); come completamente vaccinati se avevano completato il ciclo primario (due dosi per Comirnaty, Spikevax e Vaxzevria e una dose per Janssen); e come completamente vaccinati + dose aggiuntiva/booster se avevano ricevuto la terza dose. Abbiamo assunto un ritardo di 14 giorni tra la vaccinazione e lo sviluppo dell'immunità, in accordo con le evidenze disponibili (33-35). Sono stati definiti, quindi, come non vaccinati, vaccinati incompleti e vaccinati completi coloro che avevano ricevuto rispettivamente la prima, la seconda (o dose unica se Janssen) e la terza dose da meno di 14 giorni.

Al fine di prendere in considerazione la diminuzione dell'efficacia al passare del tempo dalla somministrazione della seconda dose il gruppo dei vaccinati con ciclo completo è stato suddiviso in due sottogruppi: vaccinati con ciclo completo entro 120 giorni (a partire dal quattordicesimo giorno successivo

Dieser „Trick" verzerrt die Statistik der Sterblichkeit geteilt durch den Impfstatus sowie die Statistik der nichttödlichen unerwünschten Ereignisse völlig.

Das sei keine bizarre Verschwörungsthese, bekräftigt das Istituto Superiore di Sanità (ISS) ganz ausdrücklich. Dies ergibt sich beispielsweise aus der Publikation SARS-CoV-2-Infektionen, Krankenhausaufenthalte und Todesfälle im Zusammenhang mit CoViD-19, die durch Impfung direkt vermieden werden, die das ISS im April 2022 veröffentlicht hat. Dies ist in Abschnitt 3.22 angegeben, in dem klargestellt wird, wie Geimpfte und Ungeimpfte klassifiziert werden: „Wir gingen in Übereinstimmung mit den verfügbaren Erkenntnissen von einer 14-tägigen Verzögerung zwischen der Impfung und der Entwicklung der Immunität aus (33-35). Daher wurden diejenigen, die die erste, zweite (oder Einzeldosis bei Janssen) und dritte Dosis weniger als 14 Tage lang erhalten hatten, als ungeimpft und unvollständig geimpft definiert" ... Klarer konnten sie nicht sein.

Tötet der Impfstoff mehr, als er rettet?

Dies ist ein heikles und zentrales Thema: Ich betone noch einmal, dass ich kein Arzt bin und es nur aus statistischer Sicht und im Nachhinein entgegentrete.

Aus dem Archiv freiwilliger Meldungen unerwünschter Impfereignisse in den USA geht hervor, dass die Ereignisse im Jahr 2021 enorm zugenommen haben: Dies ist die Grafik.

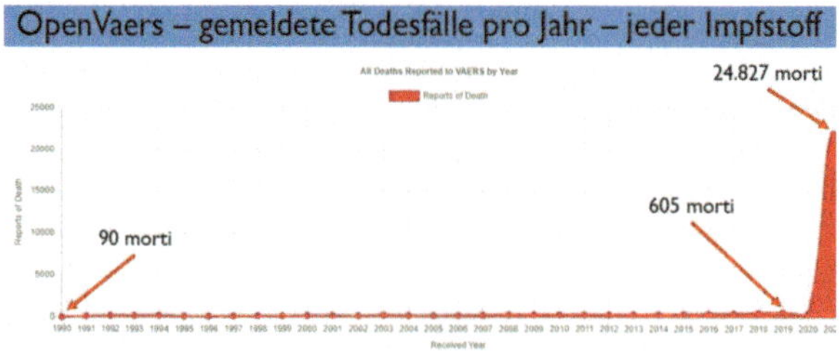

Im Jahr 2021 wurden dreimal so viele Dosen verabreicht wie im Jahr 2019

2019: 605 Todesfälle bei 174 Millionen Dosen (3,4 Todesfälle pro Million Dosen)
2021: 24.827 Todesfälle bei 625 Millionen Dosen (40 Todesfälle pro Million Dosen)

Dabei handelt es sich um freiwillige Meldungen insbesondere von Ärzten, aber leider besteht keine offizielle Korrelation.

Andererseits wissen wir auch, dass nur ein kleiner Teil der unerwünschten Ereignisse, selbst die schwerwiegenden, gemeldet wird. Einige Schätzungen sprechen von 1 Meldung über ein schwerwiegendes Ereignis unter 40, andere von 1 unter 100. Ein schwerwiegendes Ereignis bedeutet Tod, Behinderung, Krankenhausaufenthalt. Die Region Apulien führte vor einigen Jahren eine Studie durch und stellte fest, dass damals nur 1 schwerwiegendes unerwünschtes Ereignis von 380 gemeldet wurde.

Aus statistischer Sicht ist jedenfalls klar, dass die nach der Impfung gemeldeten Todesfälle (für jeden Impfstoff) im Vergleich zu den Vorjahren von 605 im Jahr 2019 auf 24.827 im Jahr 2021 gestiegen sind, also um das 40-fache gestiegen sind im Jahr 2021: Rechnet man die notwendigen Verhältnisse heran, stieg die Zahl von 3,4 Todesfällen pro Million auf 40 Todesfälle pro Million gemeldeter Todesfälle, also um mehr als das Zehnfache.

Beachten Sie auch, dass Todesfälle hauptsächlich in den ersten Tagen nach der Impfung auftreten. In dieser Grafik wer-

OpenVAERS – COVID und Influenza-Impfstoffe – USA

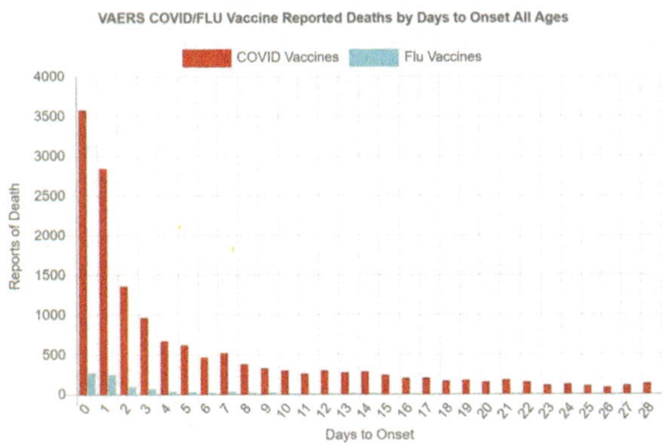

den die Todesfälle vertikal und die Tage nach der Impfung horizontal angezeigt.

Es scheint also einen statistischen Zusammenhang zwischen der Impfung und dem Tod zu geben, und sicher nicht einen medizinischen, den ich nicht ansprechen kann.

Wir stellen auch fest, dass beim Vergleich von Italien und dem Vereinigten Königreich, die eine ähnliche Bevölkerung haben, eine sehr unterschiedliche Anzahl von Meldungen zu verzeichnen ist: 879 Todesfälle wurden in Italien gemeldet, 2087 in Großbritannien (Daten vom März 2022). In Norditalien wird es viel häufiger gemeldet als im Süden, in Island wird es 60-mal häufiger gemeldet als in Bangladesch.

Aber wie können wir dann verstehen, ob Impfstoffe retten oder töten? Wir müssen uns fragen, wie viele Menschen ich impfen muss, um einen zu retten, zum Beispiel um ihnen einen schweren Krankenhausaufenthalt zu ersparen. Wieder einmal helfen uns die Daten aus dem Vereinigten Königreich: Im Januar 2023 lieferten sie sehr genaue Tabellen: Wie Sie sehen, muss ich 162.600 12- bis 15-Jährige impfen, um eines vor einem schweren Krankenhausaufenthalt zu bewahren; Das andere Extrem sind die 70-Jährigen und Älteren, bei denen 7.500 Menschen geimpft werden müssen, um einen schweren Krankenhausaufenthalt zu vermeiden.

Nun, 162.600 Kinder sind geimpft und wir retten eines. Und die anderen 162.599? Der Impfstoff hat ihnen nicht geholfen, ich habe ihnen nichts erspart, aber ich habe sie den Nebenwirkungen ausgesetzt. Okay! ... und wie viele Nebenwirkungen gibt es? Eine erneute Analyse der Zulassungsstudien von Pfizer und Moderna ergab, dass im Durchschnitt pro 800 Impfungen eine schwerwiegende Nebenwirkung auftritt. Schwerwiegende Nebenwirkungen bedeuten Tod, Schlaganfall, Herzinfarkt, Behinderung, Myokarditis/Perikarditis, Thrombose, Abtreibung, Krankenhausaufenthalt aus anderen Gründen usw.

Neuanalyse von Impfstoffzulassungsstudien

Contents lists available at ScienceDirect
Vaccine
journal homepage: www.elsevier.com/locate/vaccine

Serious adverse events of special interest following mRNA COVID-19 vaccination in randomized trials in adults

Pfizer: 10 schwerwiegende Ereignisse von 10.000
Modern: 15 schwerwiegende Ereignisse von 10.000
Im Durchschnitt 1 schwerwiegendes Ereignis bei 800 Impfungen

Zu den schwerwiegenden unerwünschten Ereignissen gehören:
Tod, Lähmung, Schlaganfall, Herzinfarkt,
Myokarditis/Perikarditis, Thrombose, Embolie, Abtreibung, Totgeburt

https://doi.org/10.1016/j.vaccine.2022.08.036

Neuanalyse von Impfstoffzulassungsstudien

Table 4: NNV for prevention of severe hospitalisation for different programmes

	Programme			
Age	Primary	Booster (2+1)	Autumn 2022 boost	Spring 2023 boost
5 to 11	112200			
12 to 15	162600			
16 to 19	106500	193500	185100	
20 to 29	166200	418100	275200	
30 to 39	87600	188500	217300	
40 to 49	53700	40600	175900	
50 to 59	18700	16200	48300	
60 to 69	5700	9200	27300	
70+	2500	10400	7500	
In a risk group	Primary	Booster (2+1)	Autumn 2022 boost	Spring 2023 boost
20 to 29	11400	43500	59500	59500
30 to 39	10700	28600	40500	40500
40 to 49	9400	10600	49800	49800
50 to 59	5600	6100	18600	18600
No risk group	Primary	Booster (2+1)	Autumn 2022 boost	Spring 2023 boost
20 to 29	no cases	no cases	706500	
30 to 39	318400	no cases	no cases	
40 to 49	186800	190400	932500	
50 to 59	51600	107000	256400	

https://assets.publishing.service.gov.uk/government/uploads/system/uploads/attachment_data/file/1131409/appendix-1-of-jcvi-statement-on-2023-covid-19-vaccination-programme-8-november-2022.pdf

Neuanalyse von Impfstoffzulassungsstudien

Altersspanne	Geimpft	Gerettet	Vergeblich geimpft	Schwerwiegende unerwünschte Ereignisse
12-15 yo	162.600	1	162.599	162.599 / 800 = 203
70+	7.500	1	7.499	7.499 / 800 = 9

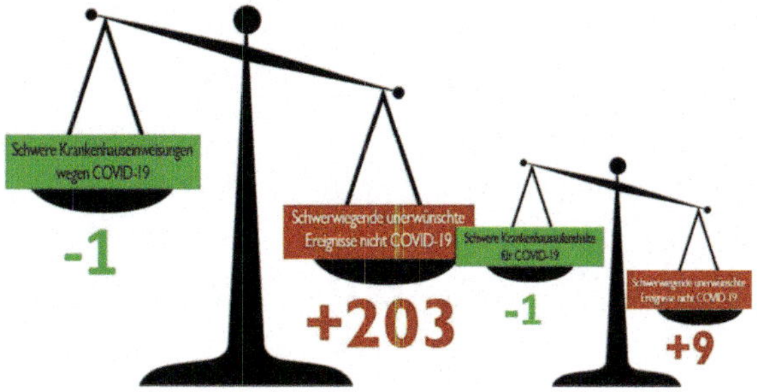

Angesichts dieser Analyse werden wir daher bei den 162.599 Kindern, die unnötigerweise geimpft wurden, zweifellos 203 schwerwiegende Nebenwirkungen haben (162.599/800=203). Wenn statt der 7.500 über siebzig Geimpften einer vor einem schweren Krankenhausaufenthalt bewahrt wird, während unter den anderen 7.499 unnötig Geimpften 9 schwerwiegende Nebenwirkungen auftreten werden (7499/800=9).

Haben plötzliche Todesfälle zugenommen?

In den sozialen Netzwerken haben wir unzählige Nachrichten und Gerüchte über Prominente, Sportler oder auch ganz normale Menschen gelesen, die plötzlich und aus unerklärlichen Gründen gestorben sind. Plötzliche Krankheiten und plötzliche Todesfälle gab es schon immer und stellten nie eine spezifische Pathologie dar. Es handelt sich um eine einfache Manifestation, die auf eine Vielzahl latenter Pathologien zurückzuführen sein kann.

Leider hat ISTAT Daten zu Todesursachen nur bis Dezember 2020 veröffentlicht: Wir haben also keine solide Grundlage, um darüber nachzudenken, was passiert ist und was in Italien passiert. Wir können jedoch beobachten, was passiert ist, indem wir die Daten zu den Kategorien von Sportlern analysieren. Es gibt eine Liste von Fußballern, die auf oder in der Nähe des Spielfelds gestorben sind, das sind FIFA-Fußballer, Profis aus aller Welt, und die Liste ist sogar auf Wikipedia veröffentlicht, die die Todesfälle von FIFA-Fußballern ab Ende des 19. Jahrhunderts bis heute auflistet! Zu jedem Todesfall werden der Name des Spielers, die Mannschaftszugehörigkeit, die Todesumstände und ein Link zum Pressebericht gemeldet, um jeden Einzelfall überprüfen zu können.

Die in dieser Tabelle dargestellte Grafik mit den jüngsten jährlichen Todesfällen von 2000 bis 2022 zeigt uns einen klaren Höhepunkt im Jahr 2021: Von durchschnittlich 7 Spielern

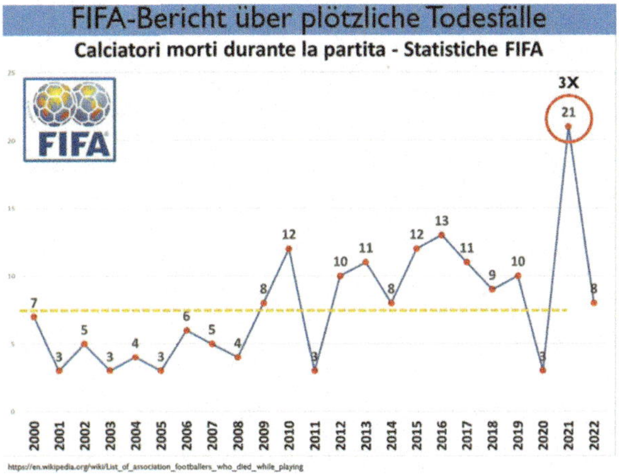

pro Jahr sind wir allein im Jahr 2021 auf 21 gestiegen. FIFA-Spieler repräsentieren nicht unbedingt die Weltbevölkerung, aber wir sind nur daran interessiert, ein Signal zu finden, und hier ist das Signal sehr deutlich.

Noch interessantere Daten stammen aus Deutschland, wo die Kassenärztliche Vereinigung (KBV) gebeten wurde, Daten zu den Todesursachen der letzten 10 Jahre öffentlich zu machen. Die bereitgestellte Tabelle zeigt die Daten von 72 Millionen deutschen Versicherungsnehmern mit dem Hinweis, dass es sich um eine Pflichtversicherung handelt.

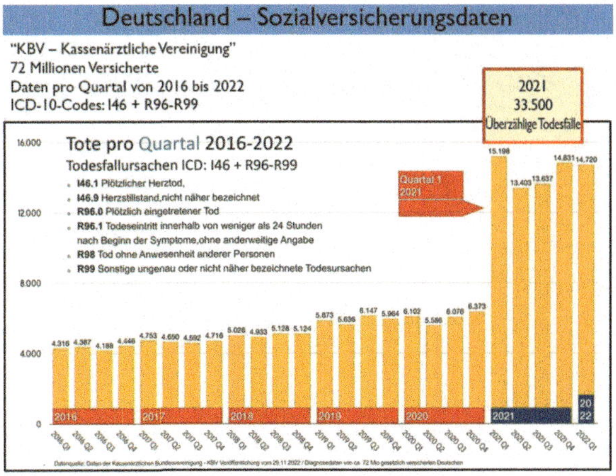

Die Tabelle zeigt die Codes, die sich auf den Todesfall beziehen, und bei sechs spezifischen Codes war der Anstieg im Jahr 2021 sehr stark. Dabei handelt es sich um Codes wie: plötzlicher Herztod, Herzstillstand, plötzlicher Tod, Tod ohne Anwesenheit anderer Personen und so weiter.

Aus der nach Quartalen gegliederten Grafik ist deutlich zu erkennen, dass wir von durchschnittlich 6.000 vierteljährlichen Todesfällen im Jahr 2020 auf einen von 14.000 im Jahr 2021 ansteigen, eine Zahl, die sich mehr als verdoppelt hat. Die Ursachen für diesen Anstieg sind nicht bekannt, aber angesichts der Tatsache, dass er seit dem ersten Quartal 2021 auftritt, ist es schwierig, das Ereignis nicht mit dem Beginn der Impfkampagne in Verbindung zu bringen. Wenn wir dann nur den Code „plötzlicher Tod" isolieren, liegt der Anstieg bei über 1000 %, also 11-mal höher als in den Vorjahren.

Werfen wir auch einen Blick auf die Daten von Euromomo, einer Einrichtung, die Daten zur Übersterblichkeit in fast allen europäischen Ländern, einschließlich Italien, meldet. Für die Altersgruppe der 15- bis 44-Jährigen beträgt der Überschuss beispielsweise im Jahr 2021 6.095 und im Jahr 2022 5.895, während sie im Jahr 2020 bei 3.685 lag. In den Jahren 2021 und 2022, den Jahren mit Impfungen, starben so viel mehr junge Menschen und Erwachsene im Vergleich

EUROMOMO – Europäische Sterblichkeit zwischen 15 und 44 Jahren

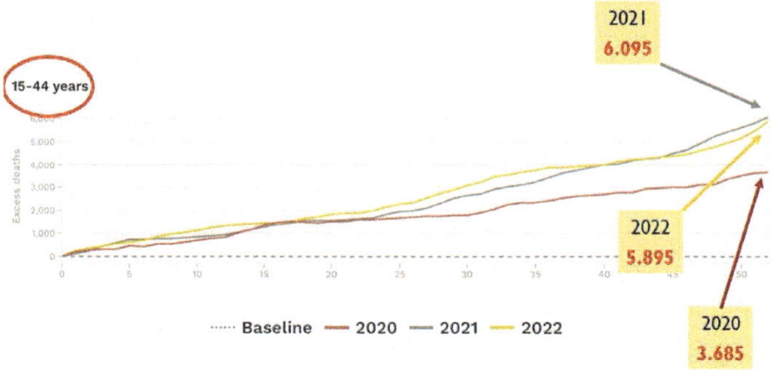

zu 2020, dem Jahr nur mit Covid. Das Phänomen regt zum Nachdenken an.

Zusammenfassend lässt sich sagen, dass wir keine Gewissheit über den Zusammenhang zwischen plötzlichen Erkrankungen und Todesfällen und Impfungen haben, aber aus statistischer Sicht sind die zeitlichen Zufälle nicht zu leugnen.

Das Rätsel der anhaltenden Übersterblichkeit

Wenn es einen Überschuss an Sterblichkeit im Zusammenhang mit einer bestimmten Ursache gibt, in unserem Fall der CoViD-19-Erkrankung, wird erwartet, dass dieser Überschuss verschwindet, wenn die Ursache nicht mehr besteht. Nicht nur das: Wenn in einem Jahr viele „fragile" Menschen sterben, erwartet uns im Folgejahr eine niedrige Sterblichkeitsrate! Dieses Phänomen wird „harvesting", ernten genannt.

Entgegen den Erwartungen haben wir in vielen Ländern der Welt stattdessen das gegenteilige Phänomen beobachtet: Die Übersterblichkeit im Jahr 2022 war höher als die von 2021 und in einigen Fällen sogar höher als die von 2020. Was ist die Ursache für diese unerwartete und hartnäckige Übersterblichkeit?

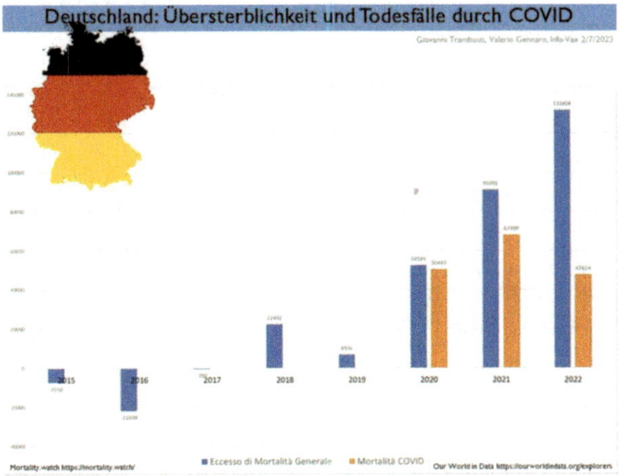

Lassen Sie uns die Daten für einige Länder analysieren.

In Deutschland lag die Übersterblichkeit im Jahr 2020 bei 22.000, im Jahr 2021 bei 48.000 und im Jahr 2022 bei 77.000. Angesichts eines fortschreitenden Rückgangs der Covid-Todesfälle ist die Sterblichkeit enorm gestiegen: Es zeigt sich, dass die Deutschen um Zehntausende mehr sterben als der Durchschnitt der vergangenen Jahre ... aber nicht von Covid.

In Israel war das Phänomen sehr ähnlich, die Übersterblichkeit nahm von 2020 bis 2022 stetig zu.

In anderen Ländern ist das Phänomen anders, aber ebenso überraschend: In Frankreich und Italien war dieser Überschuss im Jahr 2022 niedriger als im Jahr 2020, aber höher oder vergleichbar mit dem von 2021 und auf jeden Fall deutlich höher als der Referenzzeitraum von fünf Jahren vor der Pandemie.

In den USA und im Vereinigten Königreich war der Überschuss im Jahr 2022 geringer als in den Jahren 2020 und 2021, bleibt aber deutlich höher als in den Vorjahren.

In einigen italienischen Regionen, wie zum Beispiel Sardinien, ist der Überschuss im Jahr 2022 fast doppelt so hoch wie im Jahr 2021! Und das auf einem sehr hohen Niveau im Vergleich zum Fünfjahreszeitraum vor der Pandemie. Ähnliches

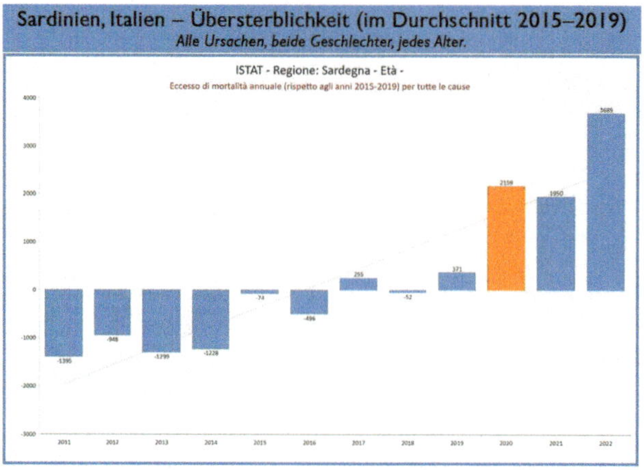

Fonte ISTAT - https://www.istat.it/it/archivio/240401 Giovanni Trambusti, Valerio Gennaro, Info-Vax 2/7/2023

Phänomen in der Toskana, den Abruzzen, Umbrien, Kampanien und Sizilien.

In den im Jahr 2020 stark betroffenen Regionen Norditaliens liegt der Überschuss im Jahr 2022 deutlich unter dem von 2020, ist aber häufig höher als der von 2021! Wie kommt es, dass wir aufgrund des oben erwähnten „Ernteeffekts" keinen Sterblichkeitsdefizit sehen, obwohl es keine nennenswerten Todesfälle durch Covid gibt?

Es gibt diejenigen, die die Tatsache auf Hitze oder Kälte zurückführen, Phänomene, die für sich genommen nie zu nennenswerten Schwankungen der Sterblichkeit in Italien geführt haben. Es gibt diejenigen, die es auf die „long Covid" zurückführen, aber es gibt keine große Zahl von Todesfällen, die auf diese Ursache zurückzuführen sind. Die Koinzidenz mit dem Start der Impfkampagne bleibt noch sorgfältig abzuwägen: Im Jahr 2021 sollten die Impfstoffe die Übersterblichkeit „wieder normalisieren", was jedoch überhaupt nicht geschah, vielmehr ist meist das Gegenteil der Fall.

Das Überraschendste ist das ohrenbetäubende Schweigen der Medien. Die Sterblichkeit steigt dramatisch an, sinkt nicht oder verharrt auf einem sehr hohen Niveau und niemand redet darüber, niemand erforscht die Ursachen, es werden keine Gegenmaßnahmen ergriffen. Wir hoffen daher auf eine ernsthafte Auseinandersetzung mit diesem Thema durch Politik und Presse und freuen uns auf seriöse und dokumentierte wissenschaftliche Studien zu diesem Thema.

Konnten Todesfälle und Nebenwirkungen vorhergesagt werden?

Hätte man vorhersagen können, dass die Zahl der durch Impfungen geretteten Menschen größer sein wird als die der Nebenwirkungen? Hätte man vorhersagen können, dass plötzliche Krankheiten und Todesfälle explodieren würden?

Mal sehen, was Pfizer in den ersten Tests öffentlich sagte, die Ende 2020 weltweit zur Notfallzulassung führten.

Pfizer führte eine sechsmonatige Studie mit 44.000 Freiwilligen durch. Die Hälfte davon wurde geimpft, der Rest erhielt ein Placebo. Die Art und Weise, wie sie durchgeführt wurde, wurde zu Recht vielfach kritisiert. Der Einfachheit halber gehen wir hier jedoch davon aus, dass sie treugerecht sind.

Während der sechsmonatigen Testphase starb 1 Geimpfter an Covid, während 2 Placebos an Covid starben. Dies waren die einzigen berücksichtigten Daten.

Was ein Mensch bei einem Medikament sucht, ist nicht nur Heilung oder Schutz, sondern auch Überleben. Ein Medikament muss nicht nur eine Krankheit bekämpfen, sondern mich auch am Leben erhalten! Heilung oder nicht krank zu werden, aber dann an etwas anderem zu sterben, ist keine gute Aussicht.

Sehen wir uns also an, wie es für diese 44.000 von Pfizer rekrutierten Freiwilligen lief: 15 Menschen starben (aus welchen Gründen auch immer) unter den Geimpften, 14 unter den Placebos. Darüber hinaus bot Pfizer am Ende der sechs Monate allen Placebos den Impfstoff an (wodurch die Kon-

Testergebnisse der Pfizer-Impfstoffstudie

„...3 Teilnehmer der Impfstoffgruppe und 2 der ursprünglichen Placebogruppe (die den Impfstoff nach der Aufdeckung erhielten) starben."

	Geimpft	Placebo
Todesfälle in den ersten 6 Monaten	15	14
Todesfälle in den nächsten 2 Monaten	5	0
Total	**20**	**14**

+43%

https://www.nejm.org/doi/full/10.1056/nejmoa2034577

trollgruppe zerstört wird). Als Folge davon starben drei weitere Geimpfte und zwei weitere Placebos.

Die Bilanz beträgt also 20 Tote der Geimpften gegenüber 14 Tote der Placebos. Hier rettete der Impfstoff laut Pfizer einen einzigen Covid-Toten (1 Geimpfter gegen 2 Placebos), verursachte aber fünf zusätzliche Todesfälle aus anderen Gründen. Zu welcher der beiden Gruppen hätten Sie gerne gehört?

Bei der Analyse der Todesursachen stellen wir außerdem fest, dass vier geimpfte Personen einen Herzstillstand erlitten haben, während es nur einen ungeimpften Todesfall aus derselben Ursache gab. Dies ist ein Signal, das sich wahrscheinlich weltweit in der Zunahme plötzlicher Todesfälle manifestiert hat, aber es ist meine persönliche Meinung.

Es bleibt ein Rätsel, wie die AIFA in Italien, die EMA in Europa, die FDA in den USA und so weiter auf der ganzen Welt ein Produkt zugelassen haben, von dem offen und öffentlich schwarz auf weiß von Anfang an bekannt war, dass es mehr Todesfälle verursacht hätte bei denjenigen, die es genommen haben, als denjenigen, die es nicht genommen haben.

Dokumentation zum Ursprung des Virus

Es ist völlig legitim und nicht als „Verschwörungstheoretiker“ zu fragen, ob das für die Erkrankung CoViD-19 verantwortliche Virus natürlichen oder künstlichen Ursprungs ist. Natürlich können wir nur wenigen Hinweisen folgen und spekulieren, da bisher kein „schlagender Beweis“ aufgetaucht ist.

Die Epidemie scheint in Wuhan, einer Metropole mit 6 Millionen Einwohnern, angefangen zu haben. In China gibt es 113 Städte mit mehr als 1 Million Einwohnern, aber unter diesen ist Wuhan die Einzige, die ein Hochsicherheits-Biolabor beherbergt. Ist das nur ein Zufall? Es lohnt sich, die bekannten Fakten und die verfügbare Dokumentation zu analysieren.

Im Jahr 2017 veröffentlichte die Zeitschrift Le Scienze, die italienische Ausgabe der renommierten Publikation Scientific American, die Übersetzung eines bereits in Nature veröffentlichten Artikels mit dem Titel „Ein chinesisches Labor für die gefährlichsten Krankheitserreger der Welt“. Ich zitiere aus dem Artikel: „Für einige Beobachter ist dies ein Fortschritt für die Erforschung von Krankheitserregern, aber es gibt viele Bedenken hinsichtlich der Sicherheit [...], da das Land keine Erfahrung mit dieser Art von Labor hat.“ Außerhalb Chinas befürchten einige Wissenschaftler, dass Krankheitserreger aus dem Labor entweichen könnten. Der Schwerpunkt liegt auf der Bekämpfung neu auftretender Krankheiten und der Erhaltung gereinigter Viren. Darüber hinaus wird es ein „Referenzlabor“ für die Weltgesundheitsorganisation sein. Zukünftige Pläne umfassen die Erforschung des Erregers (Coronavirus), der SARS verursacht.

„Die gefährlichsten Krankheitserreger der Welt“

February 23rd
2017

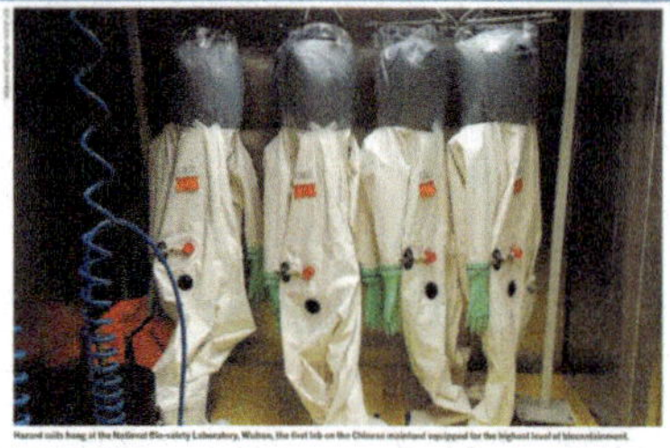

Inside China's pathogen lab

Maximum-security biosafety facility nears approval, sparking excitement and concern.

BY DAVID CYRANOSKI, WUHAN, CHINA

A laboratory in Wuhan is on the cusp of being cleared to work with the world's most dangerous pathogens. The move is part of a plan to build between five and seven microbiologists are celebrating their entrance to the elite cadre empowered to wrestle with the world's greatest biological threats.

"It will offer more opportunities for Chinese researchers, and our contribution on the BSL-4-level pathogens will benefit

The lab was certified as meeting the standards and criteria of BSL-4 by the China National Accreditation Service for Conformity Assessment (CNAS) in January. The CNAS examined the lab's infrastructure, equipment and management, says a CNAS representative.

Ein Labor in Wuhan erhält bald die Genehmigung, mit den gefährlichsten Krankheitserregern der Welt zu arbeiten. Der Schritt ist Teil eines Plans, bis 2025 auf dem chinesischen Festland fünf bis sieben Labore der Biosicherheitsstufe 4 (BSL-4) zu errichten, und hat viel Aufregung, aber auch einige Bedenken hervorgerufen.

Es ist daher eine Tatsache, dass bereits 2017 Befürchtungen vor Leckagen bestanden und es war bekannt, dass sie am SARS-CoV-Virus arbeiten würden, der Vorfahre des SARS-CoV-2, welches die Krankheit CoViD-19 verursacht.

Fassen wir zusammen: In der einzigen chinesischen Stadt, in der es ein Labor gibt, in dem SARS-Coronaviren untersucht werden, bricht eine SARS-Epidemie aus; Dennoch wird jeder, der diesem „Zufall" einen Kausalzusammenhang zuschreibt, als Verschwörungstheoretiker abgestempelt.

Lassen Sie uns dann die These des natürlichen Ursprungs analysieren: Das Virus vollzog einen völlig natürlichen „Sprung der Arten" von der Fledermaus (oder dem Schuppentier) zum Menschen, dank der schlechten hygienischen Bedingungen auf dem „Nassmarkt" in Wuhan, auf dem diese Tierarten gehandelt auf die die Chinesen gierig wären. Sie fressen Hunde, es wäre nicht verwunderlich, dass sie auch andere zoologische Sorten mögen.

Über die WHO-Inspektion in Wuhan Anfang 2021 hat in den Mainstream-Nachrichtensendern nie jemand gesprochen: Die Inspektoren wollten untersuchen, welche Tierarten in den Jahren vor der Pandemie in Wuhan gehandelt wurden. Die Inspektionsergebnisse wurden im Juni 2021 in Nature veröffentlicht. Ich zitiere aus der offiziellen Veröffentlichung: „Hier dokumentieren wir 47.381 Individuen von 38 Arten, darunter 31 geschützte Arten, die zwischen Mai 2017 und November

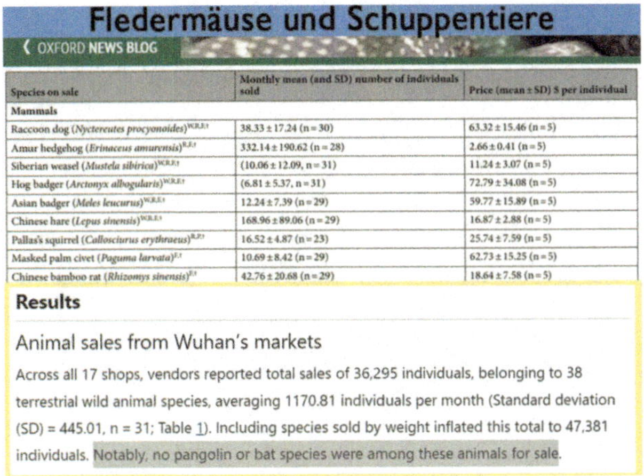

Fledermäuse und Schuppentiere

‹ OXFORD NEWS BLOG

Species on sale	Monthly mean (and SD) number of individuals sold	Price (mean ± SD) $ per individual
Mammals		
Raccoon dog (*Nyctereutes procyonoides*)[W,R,F,†]	38.33 ± 17.24 (n = 30)	63.32 ± 15.46 (n = 5)
Amur hedgehog (*Erinaceus amurensis*)[R,F,†]	332.14 ± 190.62 (n = 28)	2.66 ± 0.41 (n = 5)
Siberian weasel (*Mustela sibirica*)[W,R,F,†]	(10.06 ± 12.09, n = 31)	11.24 ± 3.07 (n = 5)
Hog badger (*Arctonyx albogularis*)[W,R,F,†]	(6.81 ± 5.37, n = 31)	72.79 ± 34.08 (n = 5)
Asian badger (*Meles leucurus*)[W,R,F,†]	12.24 ± 7.39 (n = 29)	59.77 ± 15.89 (n = 5)
Chinese hare (*Lepus sinensis*)[W,R,F,†]	168.96 ± 89.06 (n = 29)	16.87 ± 2.88 (n = 5)
Pallas's squirrel (*Callosciurus erythraeus*)[R,P,†]	16.52 ± 4.87 (n = 23)	25.74 ± 7.59 (n = 5)
Masked palm civet (*Paguma larvata*)[F,†]	10.69 ± 8.42 (n = 29)	62.73 ± 15.25 (n = 5)
Chinese bamboo rat (*Rhizomys sinensis*)[F,†]	42.76 ± 20.68 (n = 29)	18.64 ± 7.58 (n = 5)

Results

Animal sales from Wuhan's markets

Across all 17 shops, vendors reported total sales of 36,295 individuals, belonging to 38 terrestrial wild animal species, averaging 1170.81 individuals per month (Standard deviation (SD) = 445.01, n = 31; Table 1). Including species sold by weight inflated this total to 47,381 individuals. Notably, no pangolin or bat species were among these animals for sale.

https://www.ox.ac.uk/news/science-blog/wet-market-sources-covid-19-bats-and-pangolins-have-alibi

2019 auf Märkten in Wuhan verkauft wurden.“ Wir stellen fest, dass keine Schuppentiere (oder Fledermäuse) gehandelt wurden, was die rehabilitierte Ansicht stützt, dass Schuppentiere wahrscheinlich nicht der auslösende Gastspieler der aktuellen Coronavirus-Pandemie (CoViD-19) waren.

Es ist daher eine weitere Tatsache, dass die WHO selbst nach sorgfältiger Prüfung den Wuhan-Nassmarkt als Ursprung der Pandemie ausgeschlossen hat.

Und was denkt der US-Geheimdienst darüber? In einem Video vom 1. März 2023 sagte FBI-Direktor Christopher Wray: „Das FBI geht seit langem davon aus, dass der Ursprung der Pandemie höchstwahrscheinlich ein Laborunfall in Wuhan ist.“ These bestätigt durch ein im Februar 2023 freigegebenes Dokument des Büros des Direktors des Nationalen Geheimdienstes, für das ich zitiere: „Eine Behörde gibt mit mäßiger Sicherheit an, dass die Infektion höchstwahrscheinlich die Folge eines Laborunfalls ist, der sich im Wuhan Institute of Virology ereignet hat.“ Wenn das FBI dies durch den Direktor selbst sagt, bedeutet das, dass auch sie als „Verschwörungstheoretiker“ gelten!

https://edition.cnn.com/2023/02/28/politics/wray-fbi-covid-origins-lab-china/index.html

Diese drei Tatsachen, die absolut öffentlicher und offizieller Natur sind und von der internationalen Zeitschrift Nature, der WHO und dem FBI dokumentiert werden, untermauern eine These, die auf höchster Ebene der Gesundheits- und Politikwelt zu leicht verspottet und als „Verschwörungstheoretiker" bezeichnet wurde.

Aber kommen wir zu den konkreteren Fakten: Welche Forschung wurde konkret in Wuhan durchgeführt? Der Direktor des US-amerikanischen NIH (National Institute of Health), Anthony Fauci, hat stets bestritten, die Forschung namens „Gain of Function" finanziert zu haben. Darin besteht diese Forschung unter Berufung auf die Definition der NIH-Website: „The Gain of Function (GOF, „Gain of Function") besteht aus einem Experiment, das darauf abzielt, die Übertragbarkeit und/oder Virulenz von Krankheitserregern zu ERHÖHEN". Vereinfacht ausgedrückt nimmt man ein natürlich vorkommendes Tiervirus (z. B. ein Fledermaus-Coronavirus), das für Menschen harmlos ist, und „verstärkt" es, sodass es zunächst in der Lage ist, Menschen zu infizieren und sie dann krank zu machen. Damit hat das Virus zwei neue Funktionen „gewonnen": Es ist nun in der Lage, Menschen zu schädigen, während es zuvor dazu nicht in der Lage war.

Auch auf der NIH-Website wird zugegeben, dass Faucis Institut in der Vergangenheit Forschungen vom Typ „Gain of Function" durchgeführt hat. Hier ist das Zitat: „In begrenzten Fällen, wenn dies durch zwingende Bedürfnisse der öffentlichen Gesundheit gerechtfertigt war und in Laboratorien mit äußerster Biosicherheit durchgeführt wurde, hat das NIH bestimmte Forschungsarbeiten zur Schaffung, Übertragung oder Nutzung potenzieller pandemischer Krankheitserreger unterstützt, die sich aus der Verbesserung der Übertragbarkeit und/oder Virulenz ein Krankheitserreger beim Menschen ergeben." Die US-Regierung und das Gesundheitsministerium definieren es als „Potentially Pandemic Enhanced Pathogen (ePPP)"-Forschung."

Offensichtlich gibt man nicht bekannt was diese „beeindruckenden Bedürfnisse im Bereich der öffentlichen Gesundheit" waren, und es wird auch nicht erklärt, wie viele Leben gerettet wurden oder welche Pandemien dank der Forschung abgewendet wurden, die zugegebenermaßen und per Definition harmlose Viren nimmt und sie in die Lage versetzt, eine Pandemie auszulösen.

Aber wie „boostet" man einen Virus? Mit Gentechnik. Der genetische Code (DNA) von Viren wird verändert, meist durch das Hinzufügen von Sequenzen anderer Viren, so dass sie leistungsfähiger und damit gefährlicher werden. Wenn ein neues Virus durch die Kombination des genetischen Materials von zwei oder mehr Viren entsteht, entsteht eine „Chimäre", ein Name, der von dem mythischen Tier mit einem Löwenkörper, einem Schlangenschwanz und einem Ziegenkopf auf dem Rücken inspiriert ist. Die technische Definition eines „chimären Virus" ist, um Wikipedia einfach zu zitieren, „ein Virus, das genetisches Material enthält, das von zwei oder mehr unterschiedlichen Viren stammt".

Entstehung eines „Chimären"-Virus

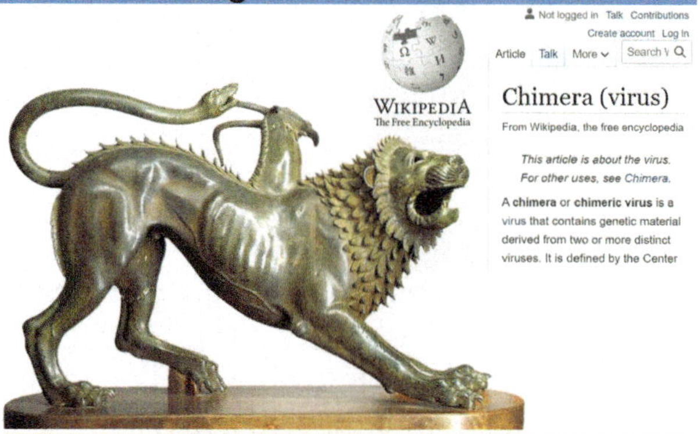

Eine „Chimäre" oder ein „Chimärenvirus" ist ein Virus, das genetisches Material von zwei oder mehr verschiedenen Viren enthält.

Die Schaffung von Chimären ist sicherlich nicht neu, und diejenigen, die von Viren sprechen, die durch die Verschmelzung von SARS-Coronaviren und HIV (dem AIDS-Erreger) entstehen, leichtfertig der Verschwörung beschuldigen, sollten sich besser dokumentieren, beispielsweise anhand einer wissenschaftlichen Untersuchung, die in Taiwan durchgeführt wurde 2007 und auch auf der NIH-Website von Anthony Fauci veröffentlicht; In diesem Zusammenhang zitieren wir zur Vereinfachung der Fachbegriffe: „Wir haben einen Teil des HIV-Genoms durch einen Abschnitt des SARS-CoV-Genoms ersetzt, um das Potenzial der Chimäre zu verstehen."

Wer sich in dieser Hinsicht sicherlich nicht dokumentiert hat, ist die Fernsehpersönlichkeit Matteo Bassetti, der die Gelegenheit hatte zu bestätigen: „Montagnier ist ein Idiot und hat Probleme mit Altersdemenz. Er täte gut daran, den Kinderwagen seiner Enkelkinder zu schieben." Der Nobelpreisträger hatte tatsächlich vom Einschleusen des HIV-Virus in das von SARS davon gesprochen. Im Jahr 2014 gaben die Fortschritte der „Gain of Function"-Forschung Anlass zur Sorge und während der Präsidentschaft von Barack Obama wurde die Förderung aufgrund der unvermeidlichen „Biosicherheits-

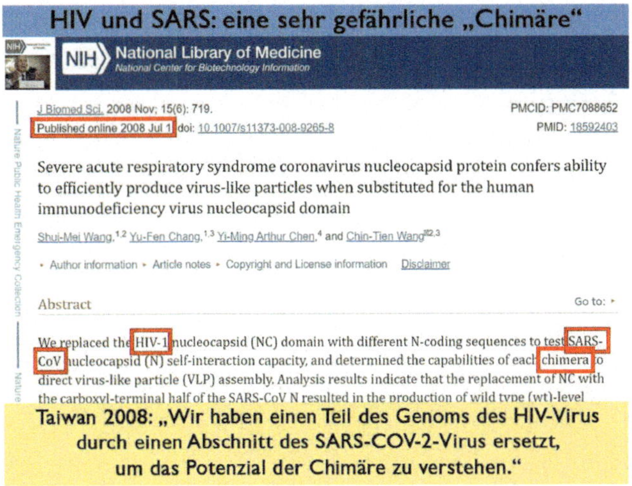
HIV und SARS: eine sehr gefährliche „Chimäre"

NIH National Library of Medicine
National Center for Biotechnology Information

J Biomed Sci. 2008 Nov; 15(6): 719. PMCID: PMC7088652
Published online 2008 Jul 1 doi: 10.1007/s11373-008-9265-8 PMID: 18592403

Severe acute respiratory syndrome coronavirus nucleocapsid protein confers ability to efficiently produce virus-like particles when substituted for the human immunodeficiency virus nucleocapsid domain

Shui-Mei Wang,[1,2] Yu-Fen Chang,[1,3] Yi-Ming Arthur Chen,[4] and Chin-Tien Wang[2,3]

• Author information • Article notes • Copyright and License information Disclaimer

Abstract Go to:

We replaced the HIV-1 nucleocapsid (NC) domain with different N-coding sequences to test SARS-CoV nucleocapsid (N) self-interaction capacity, and determined the capabilities of each chimera to direct virus-like particle (VLP) assembly. Analysis results indicate that the replacement of NC with the carboxyl-terminal half of the SARS-CoV N resulted in the production of wild type (wt)-level

Taiwan 2008: „Wir haben einen Teil des Genoms des HIV-Virus durch einen Abschnitt des SARS-COV-2-Virus ersetzt, um das Potenzial der Chimäre zu verstehen."

risiken" ausgesetzt. Fauci war nicht in der Lage, diese Art von Forschung in den USA fortzusetzen, und beschloss, sie nach China zu verlegen, um das Moratorium zu umgehen. In einem Video aus dem Jahr 2021 gab Fauci selbst den Trick öffentlich zu: „Das Wuhan-Labor ist ein sehr großes Labor, es ist Hunderte Millionen, wenn nicht Milliarden Dollar wert: Der Zuschuss, über den wir sprechen, betrug 600.000 US-Dollar in fünf Jahren." „Sie wollen nicht in Hoboken in New Jersey, oder Fairfax in Virginia bleiben, um den Sprung von Mensch zur Fledermaus zu studieren, der zu einer Epidemie führen könnte, also gehen Sie nach China." Eine der rassistischsten Aussagen, die ich je gelesen habe:

Aber wie finanziert man „Gain of Function"-Forschung, wenn ein staatliches Moratorium dies verhindert? Einfach, man verwendet die klassischste internationale Triangulation: Faucis NIH finanzierte Peter Daszaks NGO (Nichtregierungsorganisation) EcoHealth Alliance, die wiederum das Wuhan Institute of Virology finanzierte. Natürlich alles direkt vor unseren Augen. Es gibt eine offizielle Dokumentation aus dem Jahr 2014, die kostenlos von der NIH-Website heruntergeladen werden kann, mit dem Titel „Das Risiko des Auftretens eines Fledermaus-Coronavirus verstehen", genau der Art von Virus, die 2019 vom Wuhan-Nassmarkt „entkommen" wäre. In diesem Dokument werden die Gelder quantifiziert, die die US-Bundesregierung über Faucis NIH der EcoHealth Alliance in den nächsten 5 Jahren zur Verfügung stellen würde, um diese Forschung am Wuhan Institute of Virology zu finanzieren. Alles unter der Schirmherrschaft der WHO und des CDC (US-Gesundheitsministerium), Organisationen, die in diesem Dokument ausdrücklich erwähnt werden.

Peter Daszak hat nie ein Geheimnis daraus gemacht, dass die Forschung in Wuhan vom Typ „Gain of Function" war, also von der Art, bei der harmlose Viren so verstärkt werden, dass sie für den Menschen gefährlich werden. Dies sind die Worte von Daszak in einem Video aus dem Jahr 2016: „Wenn man also eine Sequenz eines Virus erhält, sieht es aus wie ein Verwandter eines bekannten Krankheitserregers, genau wie wir es bei SARS gemacht haben." Wir haben bei Fledermäusen andere Coronaviren gefunden, eine ganze Reihe von Viren; einige von ihnen sahen SARS sehr ähnlich. Also haben wir das Spike-Protein sequenziert: das Protein, das sich an Zellen bindet. Dann haben wir ... Nun, ich habe diesen Job nicht gemacht, aber meine Kollegen in China haben den Job gemacht. Sie stellen Pseudopartikel her, fügen die Spike-Proteine dieser Viren ein und prüfen, ob sie an menschliche Zellen binden. Bei jedem Schritt dieses Prozesses kommt man diesem Virus immer näher, das bei Menschen wirklich krankheitserregend werden könnte. Am Ende haben Sie eine kleine Anzahl Viren, die wirklich tödlich aussehen." Klarer als das ...

Die in Wuhan im Auftrag von Fauci und Daszak durchgeführten Forschungsarbeiten wurden im November 2017 in der renommierten internationalen Fachzeitschrift PLOS Pathogens veröffentlicht. Zu den Autoren des Artikels gehört auch Peter Daszak selbst, der die EcoHealth Alliance vertritt. Der Artikel berücksichtigt das Spike-Protein des SARS-Coronavirus und vereinfacht die Fachbegriffe: „In dieser Studie haben wir die Verwendung eines Teils einer menschlichen Zelle als Rezeptor für zwei neue SARS-CoVs mithilfe chimärer Viren bestätigt." Dabei wurde das WIV1-Virus-Rückgrat durch das neu identifizierte SARS-CoV-Spike-Protein ersetzt.

NIH gibt „Gain-of-Function"-Forschung zu

Report in Brief
Date: January 2023
Report No. A-05-21-00025

U.S. DEPARTMENT OF HEALTH & HUMAN SERVICES
OFFICE OF INSPECTOR GENERAL

Why OIG Did This Audit
OIG initiated this audit because of concerns regarding the National Institutes of Health's (NIH's) grant awards to EcoHealth Alliance (EcoHealth), NIH's monitoring of EcoHealth, and EcoHealth's use of grant funds, including its monitoring of subawards to a foreign entity.

Our objectives were to determine whether NIH monitored grants to EcoHealth in accordance with Federal requirements, and whether EcoHealth used and managed its NIH grant funds in accordance with Federal requirements.

How OIG Did This Audit
We obtained a list of all NIH awards to EcoHealth and all subawards made by EcoHealth during Federal fiscal years 2014 through 2021 (audit period). Our audit covered three NIH awards to EcoHealth totaling approximately $8.0 million, which included $1.8 million of EcoHealth's subawards to eight subrecipients, including the Wuhan Institute of Virology (WIV).

The National Institutes of Health and EcoHealth Alliance Did Not Effectively Monitor Awards and Subawards, Resulting in Missed Opportunities to Oversee Research and Other Deficiencies

What OIG Found
Despite identifying potential risks associated with research being performed under the EcoHealth awards, we found that NIH did not effectively monitor or take timely action to address EcoHealth's compliance with some requirements. Although NIH and EcoHealth had established monitoring procedures, we found deficiencies in complying with those procedures limited NIH and EcoHealth's ability to effectively monitor Federal grant awards and subawards to understand the nature of the research conducted, identify potential problem areas, and take corrective action. Using its discretion, NIH did not refer the research to HHS for an outside review for enhanced potential pandemic pathogens (ePPPs) because it determined the research did not involve and was not reasonably anticipated to create, use, or transfer an ePPP. However, NIH added a special term and condition in EcoHealth's awards and provided limited guidance on how EcoHealth should comply with that requirement. We found that NIH was only able to conclude that research resulted in virus growth that met specified benchmarks based on a late progress report from EcoHealth that NIH failed to follow up on until nearly 2 years after its due date. Based on these findings, we conclude that NIH missed opportunities to more effectively monitor research. With improved oversight, NIH may have been able to take more timely corrective actions to mitigate the inherent risks associated with this type of research.

We identified several other deficiencies in the oversight of the awards. Some of these deficiencies include: NIH's improper termination of a grant; EcoHealth's inability to obtain scientific documentation from WIV; and EcoHealth's improper use of grant funds, resulting in $89,171 in unallowable costs.

OIG oversight work has continually demonstrated that grant-awarding agencies'

Fauci bestritt während einer Anhörung im US-Senat im Juli 2021 unter Eid, dass er jemals gegen das Moratorium verstoßen habe, indem er „Gain of Function"-Forschung in Wuhan finanziert habe. Die dokumentarischen Beweise zeigen uns das Gegenteil: Sie stammen aus einer Inspektion des US-Gesundheitsministeriums, bei der Fauci kürzlich im Januar 2023 im NIH „beschnuppert" wurde. Wir zitieren aus den Ergebnissen der Inspektion: „NIH sandte am 19. April einen Brief an EcoHealth, in dem er EcoHealth aufforderte, die Finanzierung von Wuhan einzustellen mit der Begründung von Bedenken, dass das Wuhan Institute of Virology an der Freisetzung des für CoViD-19 verantwortlichen Coronavirus beteiligt sein könnte. EcoHealth übermittelte dem NIH seinen 5-Jahres-Fortschrittsbericht mit zwei Jahren Verspätung am 3. August 2021. In dem Bericht wurde beschrieben, dass das NIH davon ausgeht, dass es ein „wachstumsförderndes" Virus erzeugt.

Dieser Bericht scheint einen Monat nach Faucis Dementi im Senat an das NIH geschickt worden zu sein … aber es ist wirklich kaum zu glauben, dass Fauci selbst angesichts der im Jahr 2020 geäußerten Befürchtungen nicht wusste, was mit der NIH-Finanzierung in Wuhan geschah.

Kurz gesagt, dies sind die wichtigsten Fakten:

- NIH hat in der Vergangenheit Forschungen bei „Gain of Function" gemacht;
- NIH finanziert EcoHealth Alliance, die wiederum das Wuhan Institute of Virology finanzierte;
- In Wuhan experimentierten sie mit Fledermaus-Coronaviren und sie wurden in die Lage versetzt, menschliche Zellen zu infizieren;
- Ab April 2020 stellt das NIH die Finanzierung an EcoHealth ein, aus Befürchtungen, dass das Coronavirus aus dem Wuhan Institute of Virology entwichen ist;
- Im August 2021 geht das NIH davon aus, dass die Forschung finanziert wird von EcoHealth in Wuhan vom Typ „Gain of Function".

Keine dieser Tatsachen stellt einen unwiderlegbaren Beweis dafür dar, dass das Virus aus dem Wuhan Institute of Virology entwichen ist. Es wäre nicht verwunderlich, wenn es in einem anderen Biolabor in den USA oder anderswo erzeugt worden wäre, über dessen Forschung wir nichts wissen. Aber erzählen Sie uns keine Kindheitsgeschichten über Fledermäuse und Schuppentiere, wenn es umfangreiche und öffentliche Unterlagen gibt, die belegen, dass sie auf jede erdenkliche Weise versucht haben, harmlose Tierviren in „Killer“ für Menschen zu verwandeln.

Gibt es viele „Killer“-Impfstoffe?

Das Konzept der „informierten Einwilligung“ sieht vor, dass jeder, der sich einer freiwilligen oder obligatorischen Behandlung unterzieht, alle notwendigen Informationen erhalten muss, um frei entscheiden zu können, ob er der Behandlung zustimmt oder nicht. All dies ist auf die inzwischen berühmten „Nürnberger Prozesse“ zurückzuführen, da die NS-Kriminalärzte und Psychiater ihre Versuchskaninchen sicherlich nicht um Erlaubnis gefragt haben.

Was wäre, wenn zum Zeitpunkt der Impfung eines Arzneimittels in einem Impfzentrum die Möglichkeit bestünde, nicht nur einen, sondern zwei oder mehr verschiedene Impfstoffe mit völlig unterschiedlichen Gefährlichkeits- und Sicherheitsmerkmalen zu erhalten? Wie würde ein Bürger reagieren, wenn ihm gesagt würde, dass diese bestimmte Charge tausendmal mehr Nebenwirkungen hervorruft als eine andere Charge? Und würden umgekehrt alle zustimmen, wenn ihnen ein Placebo verabreicht würde?

Da wir wissen, dass in den Impfzentren nichts davon passiert ist, lautet die Standardantwort: „Der Impfstoff ist sicher und wirksam, schwerwiegende unerwünschte Ereignisse sind äußerst selten … strecken Sie Ihren Arm aus.“

Jeder, der sich die Mühe gemacht hat, die amerikanische VAERS-Datenbank zu analysieren, in der freiwillige Meldungen über Nebenwirkungen eines Impfstoffs gesammelt werden, ist sich bewusst, dass nicht alle Chargen gleich geboren sind. Ich habe das gesamte VAERS-Archiv selbst heruntergeladen und berechnet, wie viele unerwünschte Ereignisse für jede Charge gemeldet wurden.

VAERS: Wie viele Todesfälle werden für jede Charge gemeldet?

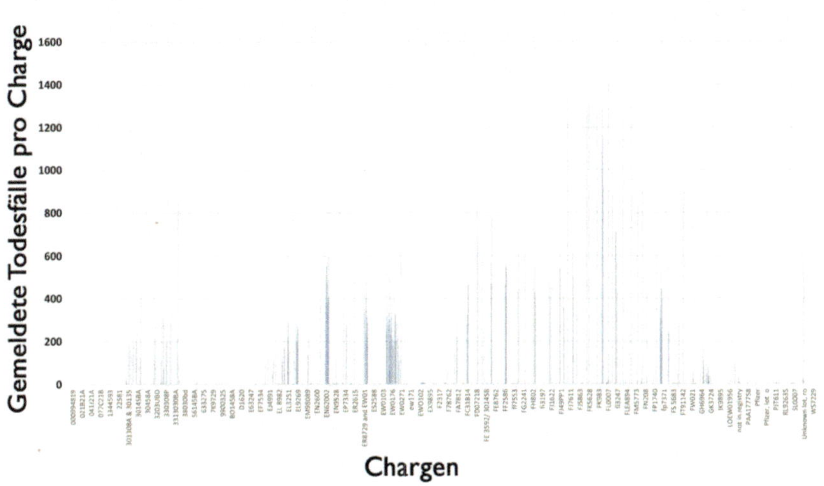

In der Abbildung stellt das Balkendiagramm die Meldungen der Todesfälle pro Charge dar: horizontal die Chargen, vertikal die Anzahl der Todesfälle pro Charge. Man merkt an den Balken sofort, dass es mal sehr hohe Balken gibt und bei anderen Chargen nicht einmal ein Balken sichtbar ist! Das heißt, es liegen kaum oder gar keine Meldungen vor. Schon rein grafisch lässt sich also verstehen, dass die Mehrzahl der Berichte auf wenige Chargen konzentriert ist, während es bei den übrigen Chargen nur wenige davon gibt.

Bei genauerer Betrachtung ist das Ergebnis schockierend: 90 % der Todesmeldungen konzentrieren sich auf 22 % der Chargen. Mit einer ähnlichen Rechnung können wir auch sagen, dass 50 % der Todesfälle in 5 % der Chargen zu finden sind. Das bedeutet, dass nicht alle Chargen gleich sind, einige sind offensichtlich „Killer", andere weitaus weniger und wieder andere wahrscheinlich überhaupt nicht.

Allerdings berücksichtigt diese Berechnung einen wichtigen Faktor nicht: Wie viele Dosen waren in jeder Charge enthalten? Wenn die Chargen mit den meisten Todesfällen aus viel mehr

Chargen	% Chargen	Todesfälle	% Todesfälle
130	22%	6338	90%
462	78%	705	10%
592	**100%**	**7043**	**100%**

Chargen	% Chargen	Todesfälle	% Todesfälle
30	5%	3521	50%
562	95%	3522	50%
592	**100%**	**7043**	**100%**

Dosen bestanden hätten, könnte dies das Phänomen zumindest teilweise erklären. Leider stellt VAERS diese Informationen nicht zur Verfügung, wir wissen nicht, wie viele Dosen in jeder Charge enthalten waren.

Glücklicherweise wurde dank eines Antrags auf Zugang zu öffentlichen Dokumenten der Umfang von 156 in den USA verabreichten Pfizer-Chargen bekannt. Mit diesen Informatio-

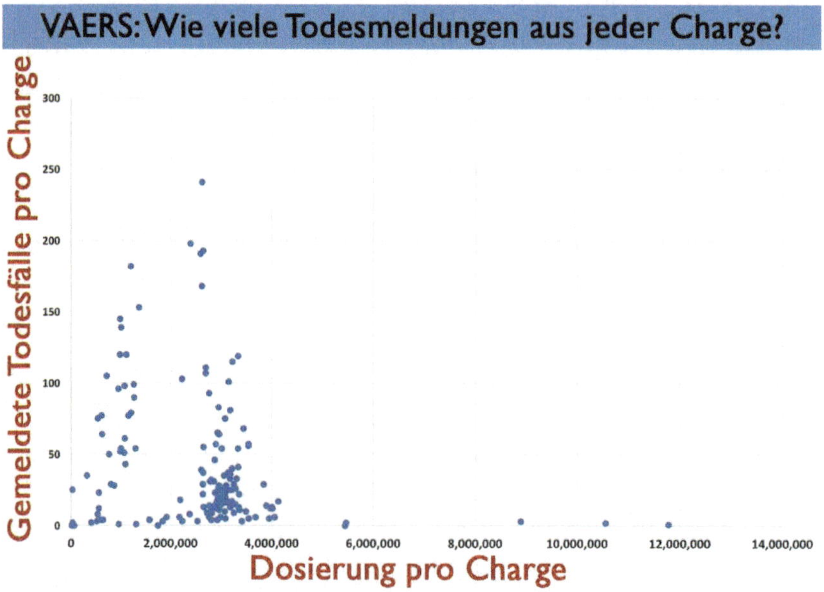

nen können wir also ein weiteres Diagramm erstellen, das die Größe der Chargen (horizontal) mit den für jede Charge gemeldeten Todesfällen (vertikal) kreuzt. In der Grafik stellt jeder Punkt eine Menge dar: große Mengen rechts, kleine Mengen links. Die Parzellen mit vielen Todesmeldungen steigen, die Parzellen mit wenigen oder keinen Meldungen sinken.

Es ist zu beachten, dass die meisten Chargen aus etwa 3 Millionen Dosen bestehen (die dichteste Punktansammlung unten). Aber auch hier ist sofort klar, dass es wenige Chargen mit vielen Meldungen über Todesfälle und viele Chargen mit wenigen Meldungen gibt. Es handelt sich um eine Grafik, die zwar nur 156 Chargen berücksichtigt, aber viel zuverlässiger ist als die der vorherigen: Bei gleicher Chargengröße sind die Punkte weiter oben unbestreitbar „Killerlots", während die Punkte weiter unten deutlich weniger gefährlich sind.

Es ist möglich, ähnliche Diagramme für Krankenhauseinweisungen zu erstellen, und für alle generischen Berichte über Nebenwirkungen ist das Ergebnis sehr ähnlich. Ich habe mich lieber auf die Todesfälle konzentriert, weil es das Ereignis sein soll, über das am wenigsten berichtet werden kann.

Der Zweck von VAERS besteht darin, „Signale" bestimmter Nebenwirkungen und etwaiger fehlerhafter Chargen zu identifizieren. Das europäische Eudravigilance-Archiv und das der AIFA in Italien verfolgen denselben Zweck. Wie begründen Sie die Tatsache, dass keine „Killercharge" kontrolliert und vom Markt genommen wurde? Warum hat die FDA (die US-Arzneimittelkontrollbehörde) nicht diese einfachen Routinekontrollen bei VAERS durchgeführt und die Pharmaunternehmen um Erklärungen gebeten?

Wir können davon ausgehen, dass eine ähnliche Situation auch in Europa und Italien aufgetreten ist, aber leider ist die Größe der Chargen nicht bekannt ... daher ist es derzeit nicht möglich, ähnliche Grafiken zu erstellen.

Die 7 „Todsünden" dieser Pandemiejahre

1) Die Forschung „Gain of Function" auf SARS-Coronaviren, die höchstwahrscheinlich ein neues Virus hervorbrachte und sich (versehentlich oder auf andere Weise) verbreitete, gegen das die Mehrheit der Bevölkerung keine Antikörper hatte und was viele Todesfälle bei älteren Menschen verursachte.
2) Von Autopsien wurde strikt abgeraten (was zu einer Verzögerung beim Verständnis der neuen Pathologie führte) und etablierte Behandlungen effektiv verhindert und stattdessen ein „einziges" Therapieprotokoll eingeführt, das jedem Patienten mechanisch verschrieben wurde, wobei seine Spezifität ignoriert wurde, was in vielen Fällen durch ein nutzloses „Warten" zur Verschlechterung vom Patienten führte bis sie nicht mehr heilbar sind.
3) Die „nicht-pharmakologischen" restriktiven Maßnahmen wie Abriegelungen, Masken, Schulschließungen usw., die zusammen mit Terrorkampagnen in den Medien mehr Schaden als Nutzen angerichtet haben und in einigen Fällen sogar eine höhere Sterblichkeit verursacht haben als das Virus selbst.
4) Produktion, Genehmigung und Impfung eines bisher ungenutzten gentechnisch veränderten Medikaments mit unbekannter Zusammensetzung, das über einen langen Zeitraum hinweg ungetestet und schlecht bewertete Nebenwirkungen für Milliarden von Menschen auf der ganzen Welt hat, einschließlich Kategorien, für die es noch nie getestet wurde (Kinder und schwangere Frauen).
5) Der Einsatz beschämender „statistischer Tricks": In der Statistik „COVID-Todesfälle" wurden alle testpositiven Todesfälle gezählt, unabhängig von den tatsächlichen und vorherrschenden Todesursachen, und diejenigen, die als „ungeimpfte" Todesfälle gezählt werden, die weniger als 14

Tagen geimpft waren, was jede Betrachtung der Wirksamkeit von Impfstoffen völlig verzerrt.

6) Impfpässe, eine durch Erpressung eingeführte Form des Sozialkredits, die diejenigen aus der Gesellschaft ausgegrenzt und wirtschaftlich bestraft hat, die sich kein Medikament impfen lassen wollten, welches noch weitgehend experimentell und unwirksam bei der Blockierung der Infektion ist, was eine offene Verletzung der elementarsten Menschenrechte darstellt.
7) Unterdrückung der Medien und sozialen Medien durch Zensur und öffentliche Diskreditierungskampagnen, was eine offene Verletzung der nationalen Verfassungen und der elementarsten Rechte der freien Meinungsäußerung darstellt, sowie die Suspendierung und Entlassung von Fachleuten, die autonom, aber dem hippokratischen Eid treu handelten.

Unter dem Gesichtspunkt einer korrekten kriminologischen Analyse muss also ein weiterer Aspekt bewertet werden ...

DIE „INFORMIERTE" EINWILLIGUNG NACH AUFKLÄRUNG

die, wie bereits auf den vorangegangenen Seiten ausführlich dokumentiert wurde, sieht vor, dass jeder, der sich einer freiwilligen oder obligatorischen Behandlung unterzieht, alle notwendigen Informationen erhalten muss, um frei entscheiden zu können.

Sind wir in diesem Fall sicher, dass dem Bürger alle Informationen zur Verfügung gestellt wurden, damit er seine Wahl treffen kann? Oder wurden viele Informationen zurückgehalten?

Was auf den vorherigen Seiten 155–159 berichtet wird, reicht aus, um vollständig zu verstehen, was mit den Anticovid-Impfungen von 2021–2023 passiert ist. Zu guter Letzt die Konsultation der amerikanischen VAERS-Datenbank, aus der – wie bereits erwähnt – hervorgeht, dass nicht alle Chargen gleich sind, wenn man die unterschiedlichen Nebenwirkungen bedenkt, in einigen Fällen tödlich, in anderen schwerwiegend behindernd und andere, die keine Nebenwirkungen haben.

An diesem Punkt unserer investigativ-kriminologischen Analyse ist es notwendig, nach dem verursachten Schaden einen der wichtigsten Aspekte zu bewerten, der nach all den registrierten Nebenwirkungen und den bekannten plötzlichen Todesfällen bei „geimpften" Probanden folgt. Das heißt, es ist notwendig, das subjektive Element derjenigen zu bewerten, die ein Experiment an der ahnungslosen Bevölkerung durchgeführt haben:

- teilweise informierte Einwilligung ohne wesentliche Informationen, um korrekt über Nebenwirkungen bis zum „Todesfall" entscheiden zu können;

- Folgen, die vorhergesehen und der Bevölkerung verborgen geblieben sind, wie aus einer Dokumentation einer landesweiten Fernsehsendung vom April 2023 hervorgeht, in der es um den E-Mail-Austausch zwischen Politikern und großen Namen der Pharmaindustrie geht.

Es ist eine ausgesprochen beunruhigende Realität, die viele Fragen darüber aufwirft, was wir in den letzten Jahren durchgemacht haben.

Um auf den subjektiven Aspekt der vom „SYSTEM" ergriffenen Maßnahmen zu reagieren, wandte sich der Autor an eine bekannte Juristin, die Rechtsanwältin Antonietta Veneziano vom Gericht Lamezia Terme, über deren rechtliche Analyse im Folgenden berichtet wird.

Das subjektive Element

Die italienische Verfassung hat das entsprechende Prinzip von Anfang an fest verankert, und zwar im Artikel 2, in dem es heißt: „Die Republik erkennt und garantiert die unverletzlichen Rechte der Menschen", wobei die Verwendung des Verbs „erkennen" die Zustimmung zur Vorstellung von natürlichen Rechten offenbart, die von Geburt an erworben werden und nicht vom Staat rechtlich geschaffen, sondern bereits existieren. Dieses Konzept wurde in internationalen Verträgen wiederholt, darunter die *Allgemeine Erklärung der Menschenrechte*, die im Artikel 1 verkündet, dass „alle Menschen frei und gleich an Würde und Rechten geboren werden", sowie die *Europäische Menschenrechtskonvention*.

Im aktuellen historischen Kontext, der von der sogenannten „Notstandsgesetzgebung" als Reaktion der Regierungen auf die CoViD-19-Pandemie dominiert wird, befinden sich zivilisierte Länder in einer Phase rechtlicher und sozialer Regression, die zu einer ungerechtfertigten Komprimierung dieser Menschenrechte geführt hat, die bisher die Grundlage der Zivilgesellschaft bildeten.

Und so kam es durch die weit verbreitete Angst und eine falsche Auffassung von Wissenschaft als von oben auferlegtem Dogma, dem man blind, ohne die Möglichkeit von Zweifel, Vergleich und Diskussion, folgen sollte, dazu die Anerkennung der natürlichen und bürgerlichen Rechte von der Verabreichung eines experimentellen Arzneimittels abhängig zu machen. Darüber hinaus wurde eine irreführende und verzerrte Informationspolitik gewählt, die die Erlangung einer freien und informierten Zustimmung erschwert hat.

In der Tat ist es mittlerweile ganz klar, auch im Anbetracht der unzähligen unabhängigen Studien, die von Wissenschaftlern in vielen Ländern durchgeführt wurden, dass die Massenimpfung gegen CoViD-19 hinsichtlich der Wirksamkeit im Kampf gegen die Pandemie gescheitert ist und viele Todesfälle und aufgrund der schädlichen Nebenwirkungen enorme Schäden für die öffentliche und individuelle Gesellschaft verursacht hat.

Das Experimentieren ohne freie und ausreichend informierte Einwilligung an Menschen stellen kriminelle Handlungen gegen die Menschheit dar, und die Art und Weise, wie die Anti-CoViD-19-Impfkampagne in den verschiedenen Ländern umgesetzt wurde, die Geheimhaltung von Verträgen mit Pharmaunternehmen, die Ungenauigkeit der Daten der Nebenwirkungen (auch unter Berücksichtigung der Datenerfassungsmethoden mit dem passiven Pharmakovigilanz-System), ihre auffällige Häufigkeit - vor allem aufgrund der enormen Anzahl gemeldeter Todesfälle, die kontinuierliche Aktualisierung der technischen Datenblätter der verwendeten Arzneimittel, bestätigen mehr als genug die Versuchsphase, die Methoden zur Erlangung der Einwilligungsfreigabe, die, besser gesagt, weder frei noch informiert war, da sie durch psychologischen Zwang und völlig unzureichende und teilweise irreführende wissenschaftliche Informationen erlangt wurden, verstoßen sie gegen die Grundsätze des Nürnberger Kodex, der die Legitimität medizinischer Versuche gewährleisten soll.

Ohne zu bedenken, dass die gesamte übrige Notstandsgesetzgebung einiger Staaten zur Umsetzung von Massenimpfungen eine Reihe von Menschenrechtsverletzungen mit sich brachte, die durch die Auferlegung von Verpflichtungen und Verordnungen umgesetzt wurden, mit denen Grundrechte eingeschränkt wurden, die in extremen Fällen so wie die italienische, bis hin zur Verweigerung des Rechts auf Arbeit, auf Studium, auf Bewegungsfreiheit, auf Fürsorge, auf ein freies und würdevolles Leben gegenüber Personen, die sich entschieden haben, sich nicht impfen zu lassen, bis hin zur Abtötung elementarster Werte, die wesentlich für den Einzelnen und der Gesellschaft sind.

Die Umsetzung der Impfpflichten, die direkt und indirekt durch verschiedene Notstandsgesetze im Rahmen der Notstandsgesetzgebung erlassen wurden, angesichts empirischer Erkenntnisse und zahlreiche wissenschaftlicher Erkenntnisse zu den Nebenwirkungen und zur Sicherheit der betreffenden Medikamente, konkretisiert die Möglichkeit der Begehung von Straftaten unterschiedlicher Art und mit unterschiedlichem Grad psychologischer Beteiligung an dem kriminellen Ereignis.

Die Hauptauswirkungen betreffen die sichere Verabreichung von Medikamenten für öffentliche Gesundheit, die Verpflichtung trotz der Erkenntnis von Nebenwirkungen, einschließlich schwerwiegender und sogar sehr schwerwiegender Nebenwirkungen, und schließlich die Freiheit zur Erteilung informierter Zustimmung ohne Verpflichtung.

Die Möglichkeit, dass die Impfpflicht – die in Kenntnis der Tatsache auferlegt wird, dass der COVID-19-Impfstoff auch zu schweren Verletzungen oder sogar zum Tod führen kann – die Voraussetzung für Straftaten gegen das Leben, die die körperliche Unversehrtheit (Artikel 575 und 582 des Strafgesetzbuches) sowie einige Straftaten gegen die öffentliche Sicherheit (Artikel 443 und 445 des Strafgesetzbuches) erfüllt, ist keineswegs fernliegend und ist im Gegenteil immer realistischer geworden, je sicherer die Möglichkeit geworden ist, dass der Impfstoff auch den Tod oder nicht vorübergehende und tolerierbare unerwünschte Ereignisse verursachen kann, die auch dauerhafte Invalidität zur Folge haben.

Daher erfordert es der Aufmerksamkeit der Rechtswelt und auch der Zivilgesellschaft diejenigen sorgfältig zu urteilen, die trotz Kenntnis der Wahrscheinlichkeit, auch wenn minimal, von fatalen oder schwer beeinträchtigenden Ereignissen Nebenwirkungen, die ein experimentellen Arzneimittels mit Zwangsmaßnahmen verabreicht haben, um den Grad der Beteiligung etwaiger Täter an einer Straftat zu bestimmen, die konkret zu einer beträchtlichen Reihe von Todesfällen und Beeinträchtigungen der psychophysischen Integrität von Bürgern führen könnte.

Im Wesentlichen geht es darum, das Vorliegen eines Betrugs im Hinblick auf die möglichen Straftaten zu beurteilen, und zwar für alle Todesfälle oder gesundheitlichen Beeinträchtigungen, die aus der Auferlegung der Impfpflicht resultieren.

Der bedingte Vorsatz, als psychologisches Element des Verbrechens, tritt auf, wenn jemand nicht beabsichtigt, das kriminelle Ereignis zu verwirklichen, es jedoch als möglich ansieht und bereit ist, das Risiko einzugehen, dass es eintritt, um nicht auf die geplante Handlung und ihre potenziellen Vorteile zu verzichten. Es ist unbestreitbar, dass nach dem Start der Massenimpfkampagne, zunächst auf freiwilliger Basis und dann mit der Einführung der Impfpflicht für medizinisches Personal and deren schrittweisen Ausweitung auf andere Kategorien, die wissenschaftliche Gemeinschaft und die Institutionen auf das Auftreten schwerwiegender unerwünschter, einschließlich tödlicher Folgen der COVID-19-Impfung, reagieren mussten. Die Daten, sowohl in Bezug auf Meldungen als auch auf Korrelationen, wurden zunächst monatlich and ab September 2021 vierteljährlich von der AIFA gesammelt und veröffentlicht. Aufgrund der Veröffentlichungen von AIFA-Berichten waren offensichtlich wichtige und zahlreiche Nebenwirkungen aufgetreten, einige davon sogar tödlich and andere schwerwiegend behindernd, was zu einer teilweisen Überarbeitung der Produktinformationen der vier zugelassenen Impfstoffe führte: Cominarty von Pfizer, Vaxzevria von AstraZenenca, SpikeVax von Moderna und Janssen von Johnson.

Äußerst besorgniserregende Daten, die bereits ausreichen, um den Entscheidungsträger dazu zu veranlassen, die Möglichkeit neu zu bewerben, jede Form der rechtlichen oder tatsächlichen Verpflichtung zur Einnahme dieser gefährlichen Substanzen aufrechtzuerhalten.

Darüber hinaus hat die AIFA mithilfe eines passiven Pharmakovigilanz-Systems, das die Feststellung unerwünschter Wirkungen nur bei spontanen Meldungen ermöglicht und von den zuständigen Institutionen nicht einmal ausreichend gefördert wird, Teildaten veröffentlicht, und zwar in weitaus geringerem Umfang als die tatsächliche Inzidenz in Bezug auf die Feststellung der Zusammenhang zwischen dem Ereignis und der Impfung. Bedenken Sie auch den von der AIFA verwendeten Algorithmus, der nur Meldungen berücksichtigt, die innerhalb von 14 Tagen nach der Verabreichung eingehen, und der dazu geführt hat, dass auffällige Fälle von Todesfällen nach der Impfung, wie der der jungen Camilla Canepa, nicht einmal zu den bestätigten Todesfällen zählten bei Vorliegen eines positiven Gutachtens, da der Tod nach 14 Tagen eingetreten ist.

Und stattdessen zögerte die italienische Regierung angesichts dieser erheblichen kritischen Fragen, die hinsichtlich der Sicherheit der betreffenden pharmakologischen Präparate für die menschliche Gesundheit auftraten, nicht im Geringsten, mit dem in den darauffolgenden Monaten erlassenen Notstandsdekret die Frist der Impfpflicht zu verlängern für zahlreiche Kategorien von Arbeitnehmern, erstmals mit Gesetzesdekret Nr. 44/2021, dann mit der DL-Nr. 172/21 und erneut mit der DL n. 1/2022, das, wie bereits für Angehörige der Gesundheitsberufe, äußerst strenge Sanktionen im Falle der Nichteinhaltung der Verpflichtung und eine soziale Erpressung der Einschränkung der Grundfreiheiten für Bürger vorsieht, die nicht durch die unmittelbare Verpflichtung belastet sind (DL Nr. 52/2021 umgewandelt in Gesetz Nr. 87/2021 und nachfolgende Änderungen und Ergänzungen).

Die Erpressung durch den Entzug der Haupt- und oft auch einzigen Einkommensquelle stellte für viele Verpflichtete tatsächlich einen Zwang dar, dem sie sich nicht entziehen konnten, um ihr eigenes Überleben und das des Familienkerns zu sichern, und machte diesen aus unumgängliches Gebot, aufgrund dessen Menschen gezwungen wurden, den Impfstoff gegen ihren wirksamen Willen zu verabreichen, mit allen Konsequenzen, die auch mit der Verletzung der in der Einleitung erwähnten Nürnberger Grundsätze und insbesondere der Regeln zur freien und informierten Einwilligung verbunden sind im medizinischen Bereich, der in diesem Fall nicht freigelassen, sondern mit gewaltsamen Methoden „erpresst“ wurde.

Ungeachtet der Konsequenzen der unrechtmäßigen Erzwingung der Zustimmung, die die Gehaltsnötigung dargestellt hat. Und über die im Folgenden gesprochen wird, ist es für die Bewertung des subjektiven psychologischen Elements der denkbaren Straftaten von Interesse, das Verhalten, die trotz des Wissens um möglicherweise nachteilige Folgen der Impfung und der gewiss sicheren statistischen Bestätigungen von Ereignissen wie dem Tod und schweren Körperverletzungen, wenn auch im in geringem Prozentsatz, die Bürger dennoch zur Impfung gezwungen haben, wobei sie das Risiko der Bestätigung der schwerwiegenden vorausgesagten Ereignisse akzeptieren.

Es kann nicht bezweifelt werden, dass die Haftung für Körperverletzung oder Mord in Form von Betrug vollkommen integriert wäre, wenn sich eine Person ausschließlich unter staatlichem Zwang einer Impfung unterworfen hat und dadurch eine Verletzung ihrer körperlichen Unversehrtheit oder sogar ihres Lebens erlitten hat gegen die Personen die diese Verpflichtung auferlegt haben.

Und in der Tat, wenn man sich bei der Auferlegung der Verpflichtung zur medizinischen Behandlung voll und ganz der Möglichkeit bewusst ist, dass das Ereignis, Tod oder Verletzung, eintreten kann, wird aber gleichermaßen das Risiko für die verpflichtete Bevölkerung in Kauf genommen, um in der Absicht fortzufahren Ihr Ziel zu erreichen, ist die strafrechtliche Verantwortlichkeit für eine Straftat, die mit dem Eintritt des Ereignisses in Zusammenhang steht, zweifellos in die Form jedes vorsätzlichen Fehlverhaltens integriert. Und es offenbart nicht die Tatsache, dass die Wahrscheinlichkeiten des Eintretens des Ereignisses mehr oder weniger minimal sind; Wesentlich für die Ausgestaltung eines eventuellen Betrugsfalls ist seine Vorhersehbarkeit. In diesen Fällen spricht man von indirektem Betrug, da das Subjekt nicht die Absicht hat, das kriminelle Ereignis herbeizuführen, sondern die Wahrscheinlichkeit bzw. die Möglichkeit, dass es eintritt, dargestellt wird und das Risiko auf sich nimmt.

Der böswillige Vorsatz, eine Rechtsfigur, die in Ermangelung einer gesetzgeberischen Definition definiert wird und auf der Übernahme eines Risikos beruht, wurde von der Rechtsprechung besser von der vorsätzlichen Schuld abgegrenzt, da bei beiden Figuren „jedes Mal, wenn man sich zum Handeln entschließt, besteht eine gewisse Risikoakzeptanz, auch ohne dass man die subjektive Gewissheit erlangt hat, dass das vorhergesehene Ereignis nicht eintreten wird."

Der Oberste Gerichtshof hat klargestellt, dass der Eventualvorsatz dadurch gekenntzeichnet ist und sich von der bewussten Fahrlässigkeit unterscheidet, dass die Absicht besteht, trotz der Gefahr, dass das eigene Verhalten schädlich sein kann, absichtlich zu handeln, wobei das eigene Verhalten geistig einem anderen untergeordnet ist, dessen Erfüllung das vorrangige Ziel ist: „Es reicht also nicht aus, die konkrete Möglichkeit des Schadenseintritts vorauszusehen, sondern ist es unerlässlich, die Akzeptanz, wenn auch in eventueller Form, des Schadens (der den Preis eventuell) für das Erreichen eines bestimmten Ergebnisses darstellt, sicherzustellen.

Angesichts der von der AIFA ständig veröffentlichten Daten, die eine ständig steigende Zahl bestätigter Todesfälle und Impfschäden aufzeigen, kann daher nicht geleugnet werden, dass das Vorgehen der italienischen Regierung, des Premierministers und des Gesundheitsministers charakterisiert wurde von der Akzeptanz des Risikos einer vorhersehbaren Zahl von Toten und Verletzten als Preis für das Erreichen des gewünschten Ergebnisses, von der massiven Einhaltung der Impfkampagne auch durch die Auferlegung von Verpflichtungen, rechtlich und faktisch.

AUSWIRKUNGEN AUF DIE NATIONALE WIRTSCHAFT UND SCHLUSSFOLGERUNGEN DER KRIMINOLOGISCHEN ANALYSE

Produktionssektoren wurden für immer zerstört und Tausende von Unternehmen und Kleinstunternehmen wurden geschlossen, was zu Arbeitslosigkeit und sozialer Verzweiflung führte.

Ein großer Teil der Touristenkette wurde zerstört und die Menschen mit lächerlichen Bonussen, die nie ankamen, getäuscht.

Schulen, Büros und Geschäfte wurden geschlossen, was die Bevölkerung in wirtschaftliche Unsicherheit stürzte.

Sie erpressten die Arbeiter: „Wenn du dich nicht impfen lässt, suspendiere ich dich von der Arbeit und vom Gehalt!"

Sie zwangen Italiener, mit Masken zu rumzulaufen: Diejenigen, die ohne Masken angetroffen wurden, wurden von der Polizei mit Geldstrafen belegt oder misshandelt (Tausende Amateurvideos online).

Sie zwangen die Italiener, auf eigene Kosten tägliche Schnelltests zu machen, damit sie zur Arbeit gehen konnten!

Sie fälschten die Daten über die Todesfälle durch Covid: Jeder, der starb, wurde als an Covid gestorben eingestuft, um die soziale Alarmierung auszulösen.

Sie verboten Autopsien für Verstorbene, die trotz Impfung starben!

Sie führten Bewegungspässe ein wie im Zweiten Weltkrieg: Die Nachricht bleibt unauslöschlich, dass nachts einige alleinstehende Frauen für eine abgelaufene Fahrkarte aus einem Zug aussteigen mussten!

Teilweise griff die Polizei Demonstranten auf den Plätzen an. Berühmt blieb in diesem Zusammenhang die Reaktion von Ministerin Lamorgese, die mit dem Griff nach Strohhalmen zu erklären versuchte, warum dieselben Polizisten während einer Demonstration einen ihrer Lieferwagen geschoben hatten ... Lamorgeses lächerliche Antwort im Parlament war: „Die Polizei testete die Beweglichkeit des Servicewagens".

Berühmt wurde der Satz von Mario Draghi: „Wer sich nicht impfen lässt, wird krank, er stirbt und er tötet!"

Es gibt sehr viele verdächtige Todesfälle unter unseren Strafverfolgungsbehörden (Polizei, Carabinieri, Guardia di Finanza und Streitkräfte), die für die blinde und wahnsinnige Befolgung der Impfpflicht mit ihrem Leben bezahlt haben!

Eine unwiderlegbare Tatsache bleibt bestehen: Diejenigen, die NICHT geimpft wurden, die sogenannten „Novax", sind am Leben geblieben.

Über die Hälfte derjenigen, die an den Staat glaubten, indem sie sich impfen ließen starben den Folgen eines plötzlichen Todes! Doch EMA und AIFA wussten und erklärten, dass sie nicht über die Berichte zu Wirksamkeits- und Sicherheitsdaten verfügten.

Im April 2023 strahlte eine Fernsehsendung einen Teil der Dokumente aus, aus denen hervorgeht, dass diejenigen, die es wussten, sich versteckten und verhinderten, dass die Wahrheit ans Licht kam!

War er ein KRIMINELLER „STATUS"? Die Menschen fragen sich: Wo sind die Richter?

Die Nachwelt wird urteilen!

Das muss man der Gerechtigkeit halber

DANKE

Dieses Buch wurde dank der Beiträge von Dr. Gabriele Segalla, einem Biochemiker und unabhängigen Forscher, Ing. Giovanni Trambusti, einem Elektronikingenieur und einem angesehenen Fachautor in Informatikzeitschriften, sowie RAin Antonietta Veneziano vom Gericht in Lamezia Terme ins Leben gerufen. Ich danke ihnen öffentlich für ihren unersetzlichen Beitrag.

Ein Dankeschön an Fr. Carolin Lörke für die Übersetzung.

Umberto Mendola

ZUSAMMENFASSUNG

Printed in Great Britain
by Amazon

32349798R00104